出口《でぐち》 汪《ひろし》の日本語論理トレーニング

基礎編

論理エンジンJr.《ジュニア》

3年

出口 汪＝著

小学館

を生きた形で反復していきます。

ステップ５では、様々な科目の問題を取り上げます。論理エンジンは決して国語の問題集ではありません。すべての科目の土台となる、日本語の論理力を養成するためのものなのです。そこで、算数・理科・社会などの問題を、論理力を使って解決していきます。

ステップ６は、図・資料を読み取る問題です。これは与えられた情報を正確に読み取り、分析し、その上で自分で考える力を養成するためのものです。図・資料を読み取る問題は最近公立高校入試問題、全国学力テストや PISA（OECD 生徒の学習到達度調査）の問題などで頻出しています。

習熟とスパイラル方式

論理とは言葉の規則に従った使い方です。そうである限り、単に理解するだけでなく、それを自然と使いこなせるようにならなければなりません。論理を意識するうちはまだ論理的とは言えず、話をするとき、文章を読み書きするとき、自然と論理を使いこなせるようになって初めて、論理力が身についたと言えるのです。

そのためにスパイラル（らせん）方式を採りました。一通り基本的な学習をこなすと、次にはさらに別の形でそれを反復します。そうやって、同じ規則を繰り返し学習しながら、その規則を使って新たな課題に挑んでいきます。これは子供を思考停止状態にしてしまう単純反復を避けると同時に、自然と論理力を習熟させるための方法です。

それでは、お子さんと論理力向上のプロセスをお楽しみください。

出口　汪

▶保護者の方へ◀

全体の構成

本書は六つのステップから成り立っていて、各ステップにはそれぞれ五題の問題が掲載されています。

五題の問題はどれ一つ同じ問題はありません。各問題には必ずテーマがあり、さらにそれぞれの問題には連続性があります。本書は一貫した方法によって、子どもたちの頭脳を論理的なものへと変えていくためのものであり、そのために一つひとつの問題のねらいを明確にしました。

さらには、どの問題も前の問題と同じものはなく、連続しながらも、必ず何か一つ新しい要素が付け加わっています。単純反復を避けることが、自分で考える力をつけるためには必要だからです。

本書は論理エンジン Jr. 全三冊の基礎編で、まず子どもたちの文章に対する意識のあり方、頭の使い方を変えていきます。そのために、論理の基礎を理解し、言葉の規則に従って文章を扱っていきます。

基礎編では一文を論理的に扱うトレーニングから入っていきます。

ステップ１では、文をただ漠然と読むのではなく、その中の要点に着目させます。ここで言葉の規則を学ぶことは、次に正確な文を書くために不可欠です。

ステップ２では、すべての言葉は他の言葉と関係を持っていることを、実際に手を動かしながら習得していきます。この作業は文脈力を獲得するための大切なトレーニングです。

ステップ３では、文を作成するトレーニングです。ステップ１・２で学習した言葉の規則に従って、正確な一文を作成します。単に国語の記述式問題や作文に対応するだけではなく、すべての科目に必要な、正確に文章を書くことができる力を養成します。

ステップ４は、誤文訂正です。これは自分が書いた文章を自分で見直すときに必要になる力です。誤文訂正問題を解くことで、今までの学習事項

ステップ 1

一文の要点《ようてん》（1）

「どうした」「何だ」「どんなだ」

学習した日　月　日

考える力をつけるためには、日本語を正しく使《つか》わなければなりません。そのためには、日本語のきそを学びましょう。まずはいっしょに勉強《べんきょう》する友だちのしょうかいです。

左の三人のセリフの「どうする（どうした）」「何だ」にあたる部分《ぶぶん》を書きましょう。

• カズマ

●文の中心は述語《じゅつご》

上の問題《もんだい》の答えになっている部分《ぶぶん》を述語《じゅつご》といいます。文の意味《いみ》を理かいするとき、いちばん重要《じゅうよう》なのは述語《じゅつご》です。カズマくんの文では「がんばります」が全体《ぜんたい》の意味《いみ》の中心になります。

述語《じゅつご》には次《つぎ》のような形があります。

・どうする（どうした）
→鳥がいっせいにとび立った。

・何だ
→わたしは小学三年生です。

・どんなだ
→この本は、とてもむずかしい。

わたしは、カズマの友だちの、リサです。

・リサ

ぼくは人間の言葉《ことば》を話す犬です。

・アズキ

次《つぎ》の文を読んで、問題《もんだい》に答えましょう。

ぼくは三年生になってから、毎朝走っている。

ぼくは何をしていますか。

お気に入りのこのくつは、まだ新しい。

くつはどんな様子《ようす》ですか。

ぼくの名前は「アズキ」です。

名前は何ですか。

「（ぼくは）どうした」「（くつは）どんなだ」「（名前は）何だ」と、文の意味《いみ》の中心が述《じゅつ》語《ご》になっていることがわかるね。

ステップ 1

主語《しゅご》と述語《じゅつご》

一文の要点《ようてん》（2）

学習した日　　月　　日

文の大切なところを「要点《ようてん》」といいます。

文の要点《ようてん》を見つけるには、主語《しゅご》と述語《じゅつご》をさがします。この文の主語《しゅご》と述語《じゅつご》がわかりますか？

けいじ板《ばん》に、遠足のプリントがはってあります。

文の要点《ようてん》を見つけるには、まず主語《しゅご》と述語《じゅつご》を考えるのね。

文で大切なのは述語《じゅつご》だったもんね。

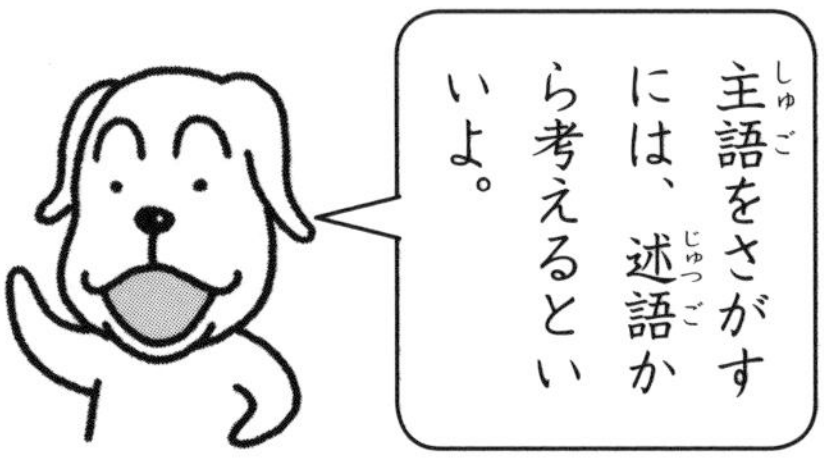
主語《しゅご》をさがすには、述語《じゅつご》から考えるといいよ。

文の中の主語《しゅご》、述語《じゅつご》の関係《かんけい》をさがしましょう。

けいじ板に、遠足のプリントがはってあります。

述語《じゅつご》は「はってあります」ですね。はってあるのはプリントだから、主語《しゅご》は「プリントが」になります。

このように、述語《じゅつご》を見つけてから主語《しゅご》をさがしましょう。

主語《しゅご》には次《つぎ》のような形があります。

主語《しゅご》　・何が（は）　・だれが（は）

この文の主語《しゅご》と述語《じゅつご》をつないで文にしましょう。

論理ポイント

「何が、どうした」のような主語《しゅご》と述語《じゅつご》がわかると、その文の要点《ようてん》がわかります。

この文の中心は「プリントがはってあります」ということです。

そこに「どこに？」「けいじ板《ばん》に」「何の？」「遠足の」と、くわしくなっているのです。（言葉《ことば》のつながりはステップ２で学習《がくしゅう》します）

文にはかならず要点《ようてん》があります。算数、社会、理科の問《もん》題《だい》文を読むときも同じです。文の要点《ようてん》をつかめないと、どんな文章《ぶんしょう》も正しく読むことができません。

まずは、文の要点《ようてん》を見つけることから、正しい日本語を身《み》につける学習《がくしゅう》を始《はじ》めましょう。

次《つぎ》の文を「何が（は）、どうした・何だ・どんなだ」の形にまとめましょう。

① クジラは海にすんでいますが、人間と同じほにゅうるいです。

② 花だんには、赤やピンクなど、色とりどりの花がたくさんさいています。

文の要点《ようてん》を考えるには、まず「何がどうした」が、わかるようにすればいいんだね。

 〈〈〈 答えは「別冊」の３ページに！

ステップ 1

⇓ 一文の要点《ようてん》（3）

要点《ようてん》になる言葉《ことば》

学習した日　　月　　日

この文の要点《ようてん》を書きましょう。

ぼくは、家に帰ってすぐに国語と算数の宿題《しゅくだい》をしました。

さっきと同じようにすればいいんだな。
「ぼくはしました。」だね。かんたん、かんたん。
うーん、それだけでは何のことかわからないよ…。

ぼくは、家に帰ってすぐに国語と算数の宿題《しゅくだい》をしました。

ぼくは　しました。

↓文の中心

主語《しゅご》と述語《じゅつご》をつなぐと、文の中心がわかります。しかし、これだけでは意味《いみ》がわからないことがあります。文の中心を見つけたら、意味《いみ》がわかる文になるように、言葉《ことば》をつけたしましょう。述語《じゅつご》は「しました」ですね。何をしたのでしょう。

ぼくは（　　　　）しました。

これで、意味《いみ》がわかる文になりました。

論理ポイント

まず述語《じゅつご》→主語《しゅご》の順《じゅん》に見つけて、次《つぎ》に意味《いみ》が通じるように「どこに」「何を」などの言葉《ことば》をつけたしましょう。

次《つぎ》の文の要点《ようてん》をまとめます。それぞれの手順《てじゅん》にそって、言葉《ことば》を書きましょう。

妹は、おばあちゃんにたのんで、24色のクレヨンを買ってもらった。

① 述語《じゅつご》は何ですか。

② 主語《しゅご》は何ですか。

③ 述語《じゅつご》から考えて、意味《いみ》が通じるように言葉《ことば》をつけたして、文の要点《ようてん》を書きましょう。

意味《いみ》がわかる文にするには、「しました。」「何を？」「宿題《しゅくだい》を」と、述語《じゅつご》から考えて言葉《ことば》をつけたすのね。

ステップ 1

一文の要点《ようてん》（4）

主語《しゅご》のない文

学習した日　　月　　日

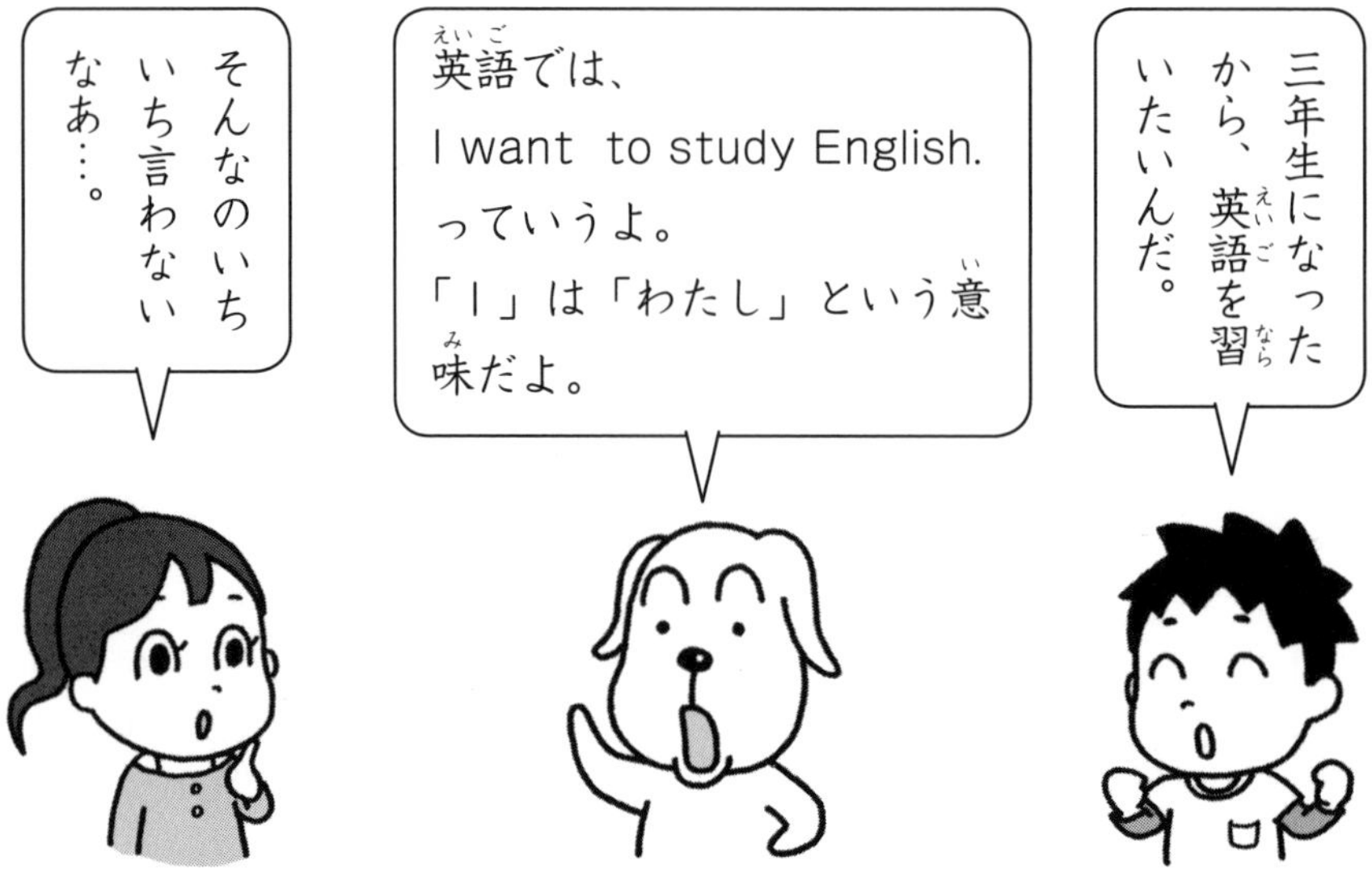

三年生になったから、英語《えいご》を習《なら》いたいんだ。
英語《えいご》では、I want to study English.っていうよ。「I」は「わたし」という意《い》味《み》だよ。
そんなのいちいち言わないなあ…。

[　]の文を読んで、あとの問題《もんだい》に答えましょう。

三年生になったら英語《えいご》を習《なら》いたいと思います。

この文の述語《じゅつご》を答えましょう。

[　　　　]

この文に主語《しゅご》をつけたすとすれば、何でしょう。

[　　　　]

主語《しゅご》が書かれていなくても、述語《じゅつご》から主《しゅ》語《ご》を考えることができるのね。

論理ポイント

文の要点《ようてん》を見つけるには、まず述語《じゅつご》からさがします。述語《じゅつご》に対《たい》する主語《しゅご》が文にないときは、主語《しゅご》を考えてみましょう。

次《つぎ》の文の述語《じゅつご》を○でかこみ、□に主語《しゅご》を書きましょう。主語《しゅご》がない場合は「なし」と書きましょう。

① 三年生になったので、英会話《えいかいわ》を習《なら》います。

□

② とてもよいにおいが、その店からしていた。

□

③ 自転車《じてんしゃ》がパンクしたので、やくそくの時間におくれました。

□

④ わたしのかばんには、本が三さつ入っています。

□

「習《なら》います」の主語《しゅご》は人になるはずね。

主語
述語
述語《じゅつご》とつながる主語《しゅご》をさがすよ。

ステップ 1

一文の要点《ようてん》（5）

要《よう》点《てん》をまとめよう

学習した日
月　日

1 次《つぎ》の文の要点《ようてん》をまとめます。□にあてはまる言葉《ことば》を書きましょう。

おなかがすいていたねこは、全力《ぜんりょく》でねずみを追《お》いかけました。

① まずは述語《じゅつご》を考えましょう。

□

② 主語《しゅご》を書きましょう。

□

③ 述語《じゅつご》から考えて意味《いみ》が通じるように、言葉《ことば》をつけたして文の要点《ようてん》を書きましょう。

□

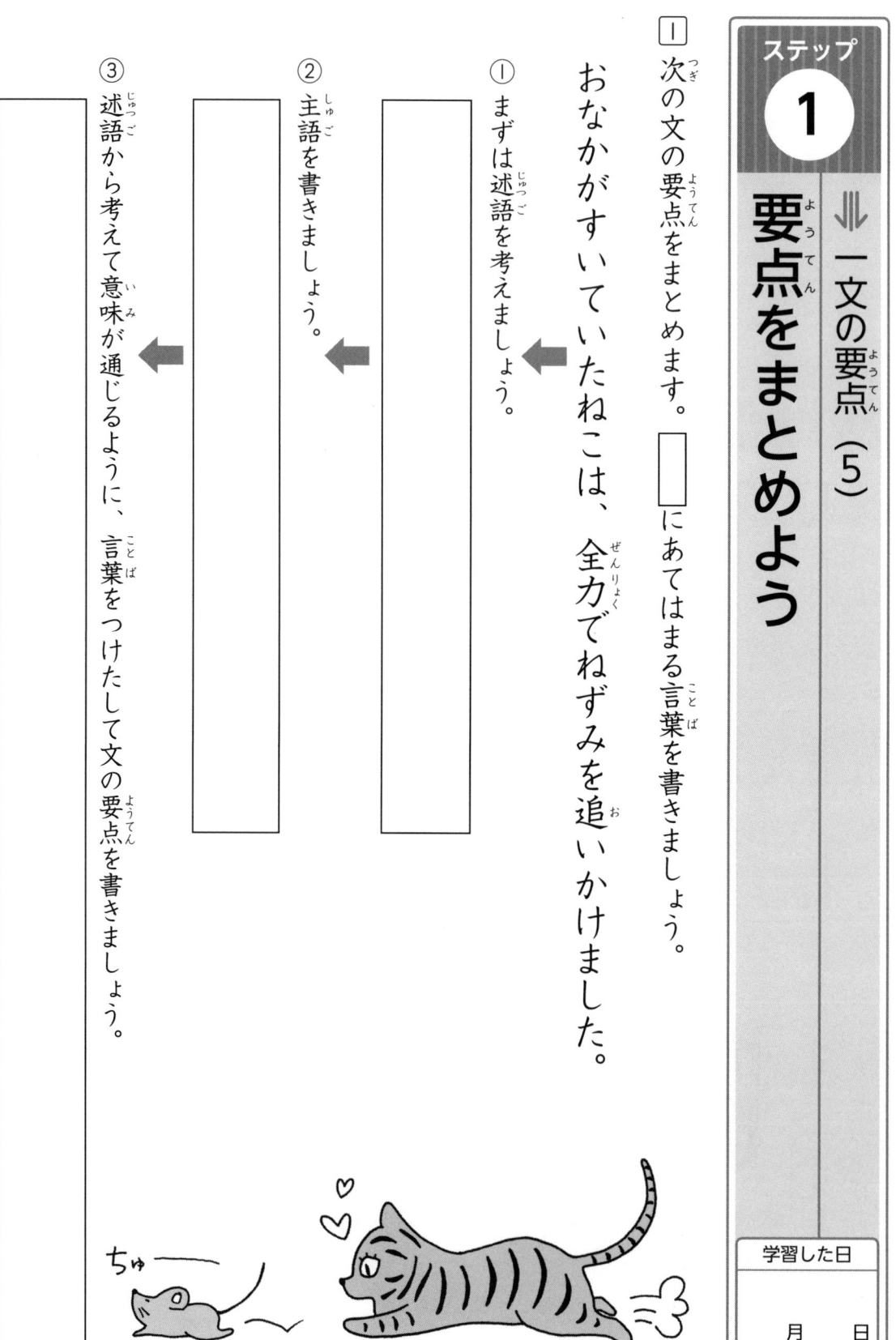

② 次《つぎ》の文の要点《ようてん》をまとめます。□にあてはまる言葉《ことば》を書きましょう。

お母さんにたのまれてパン屋《や》さんにお使《つか》いに行くとちゅう、さいふを落《お》としてしまった。

① まずは述語《じゅつご》を考えましょう。

□

② 主語《しゅご》を書きましょう。主語《しゅご》がない場合は「なし」と書きましょう。

□

③ 意味《いみ》が通じる文になるように、言葉《ことば》をつけたして、この文の要点《ようてん》を書きましょう。主語《しゅご》がない場合は、あてはまる主語《しゅご》を考えて書きましょう。

□

〈〈〈 答えは「別冊」の6ページに！

ステップ 2

言葉《ことば》のつながり（1）

言葉《ことば》のつながり方（1）

学習した日　月　日

左の文で、「かわいい」はどの言葉《ことば》を説明《せつめい》しているでしょう。
→を使《つか》って表《あらわ》すとこのようになります。
「かわいい」はねこを説明《せつめい》している言葉《ことば》ですね。

とても　かわいい　小さな　ねこ。

どの言葉《ことば》と意味《いみ》がつながるかな？

「かわいいねこ」だね。

「小さなねこ」もあるよ。

論理ポイント

このように、文の中で言葉《ことば》と言葉《ことば》はつながっています。言葉《ことば》のつながりを考えるには、言葉《ことば》の意味《いみ》のつながりを考えましょう。

あてはまる言葉《ことば》をいれてごらん。たくさん思いつくかな？

どれも、ねこを説明《せつめい》する言葉《ことば》なんだね。

小さい
かわいい

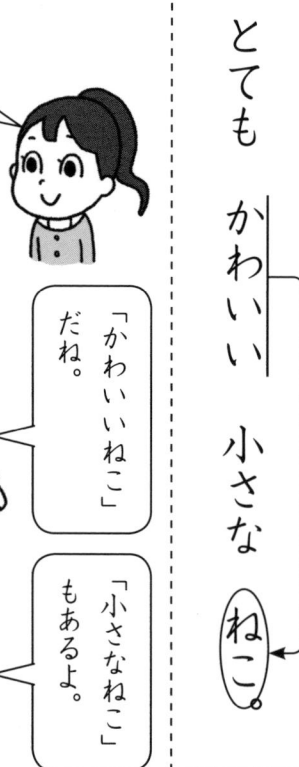

――線の言葉《ことば》は、どの言葉《ことば》を説明《せつめい》しているでしょう。〇でかこんで→でつなぎましょう。

① 自分が 住《す》んでいる 県《けん》の 特産物《とくさんぶつ》を 調《しら》べる 宿題《しゅくだい》が 出た。

② 毎日、 ピアノの 練習を つづける お姉さんは えらいと 思う。

③ この 時計は ずっと 前から おくれていることに、きのう 気が ついた。

④ モンシロチョウが キャベツの 葉《は》に たまごを うむのは、よう虫が キャベツの 葉《は》を 食べるからです。

「県《けん》の何」かを考えるといいね。
「県《けん》の調《しら》べる」はちがうね…

ステップ
2

⇓言葉《ことば》のつながり（2）

言葉《ことば》のつながり方（2）

学習した日
月　日

左の文の言葉《ことば》のつながりを→を使《つか》って表《あらわ》すと、このようになります。ひとつひとつの言葉《ことば》のつながりをたしかめましょう。

遊園地《ゆうえんち》には　たくさんの　乗《の》り物《もの》が　ありました。

意味《いみ》がつながるように、言葉《ことば》と言葉《ことば》をむすんでいくよ。

「遊園地《ゆうえんち》にはありました」だよ。

「たくさんの乗《の》り物《もの》」ね。

「乗《の》り物《もの》がありました」だね。

論理ポイント

上のように、文の中ではすべての言葉《ことば》がほかのどれかとつながっています。

言葉《ことば》と言葉《ことば》のつながりがわかると、文の意味《いみ》がとてもよくわかります。

何がありましたか?
「乗《の》り物《もの》（が、ありました）」。
どこにありましたか?
「遊園地《ゆうえんち》（に、ありました）」。
たくさんあるのは何ですか?
「乗《の》り物《もの》」という具合《ぐあい》です。

文章《ぶんしょう》が長くむずかしくなっても同じです。

かんたんな文でしっかり練習《れんしゅう》しておきましょう。

れい のようにして、一つ一つの言葉《ことば》と、意味《いみ》がつながる言葉《ことば》を ⌐ でつなぎましょう。

れい

赤い もぎたての トマト。

① お姉さんは 学級委員《がっきゅういいん》に えらばれて 少し こまっている。

② ありの すには いくつもの 部屋《へや》が あります。

③ 学校の まわりの 地図を 作るために 屋上《おくじょう》に のぼった。

④ 海岸《かいがん》で とても めずらしい もようの 貝がらを ひろいました。

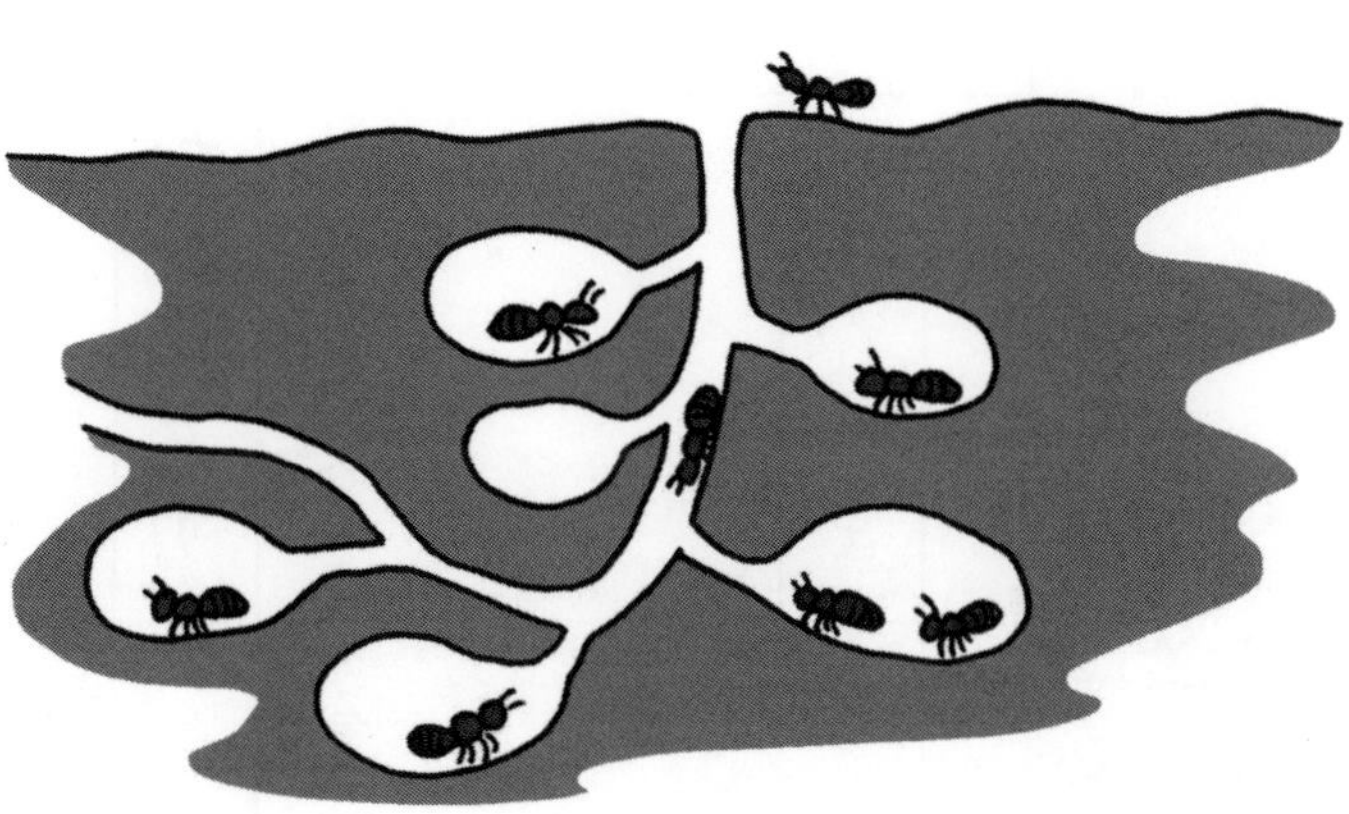

ステップ 2

言葉《ことば》のつながり（3）

文を図にしよう（1）

学習した日　月　日

あしたは遠足だね。
うん、動物園《どうぶつえん》に行くんだね。
ねえ、ライオンもトラもネコのなかまなんだって。
じゃあ、その文を図にしてみよう。文の中の言葉《ことば》は、どんなふうにつながっているかわかる？

ライオンもトラもネコのなかまです。

右の文の言葉《ことば》のつながりを図に表《あらわ》します。□にあてはまる言葉《ことば》を書きましょう。

ネコの

なかまです

この文がどのようになり立っているかが、これでわかるわね。

次《つぎ》の文をあとの図に表《あらわ》します。□にあてはまる言葉《ことば》を書きましょう。

① この島《しま》には　三つの　港《みなと》が　あります。

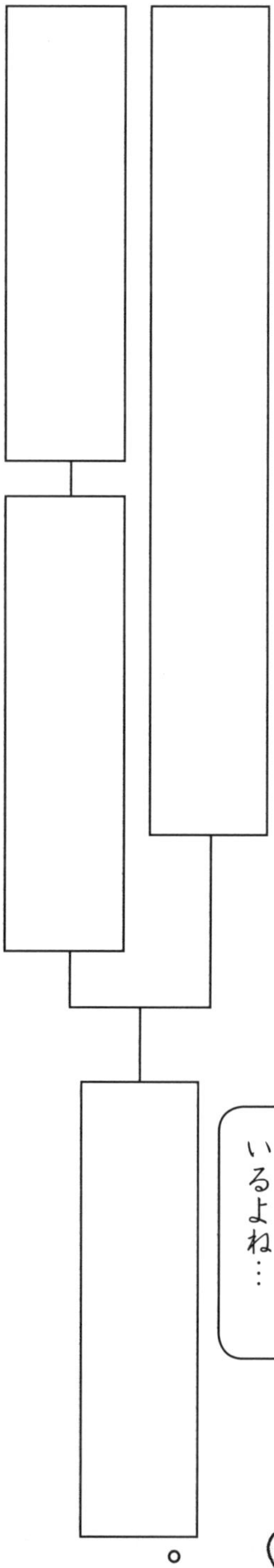

② チョコレート味《あじ》の　クッキーを　たくさん　やきました。

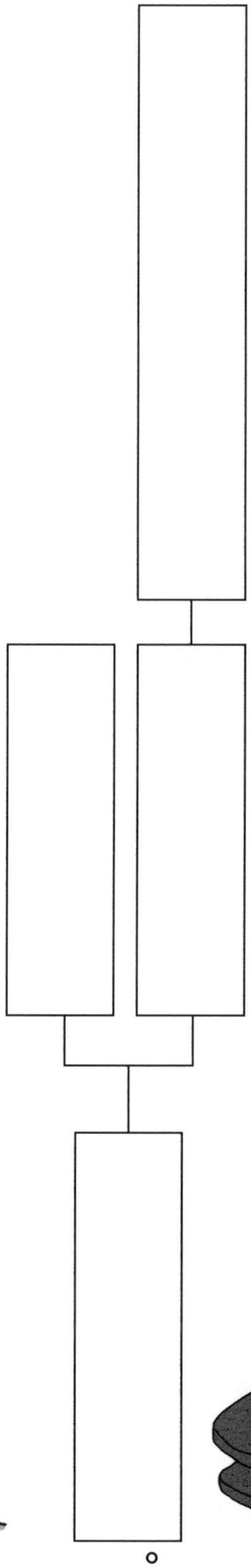

③ あの　大きな　たてものは　何ですか。

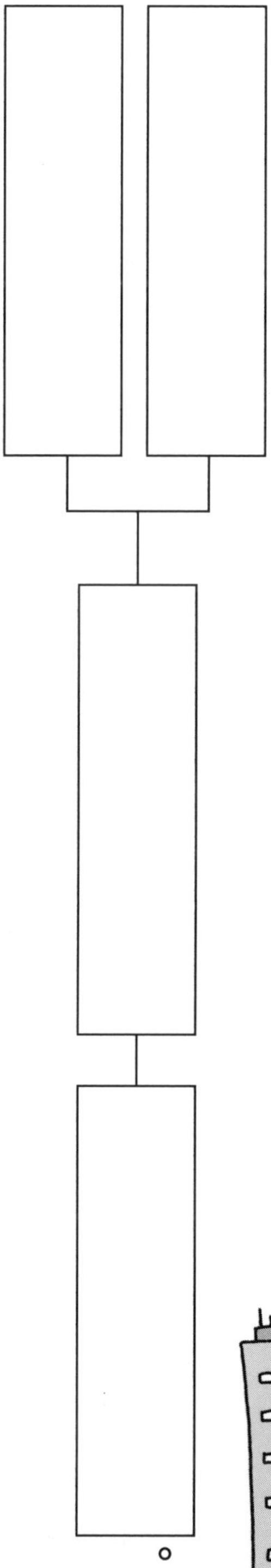

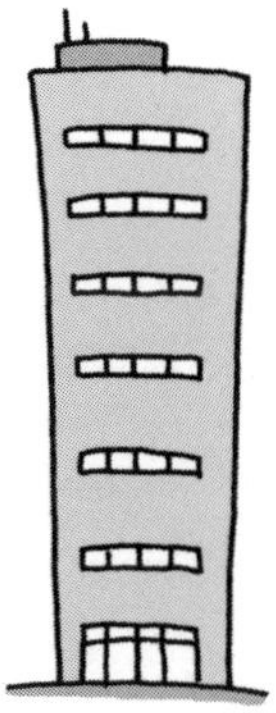

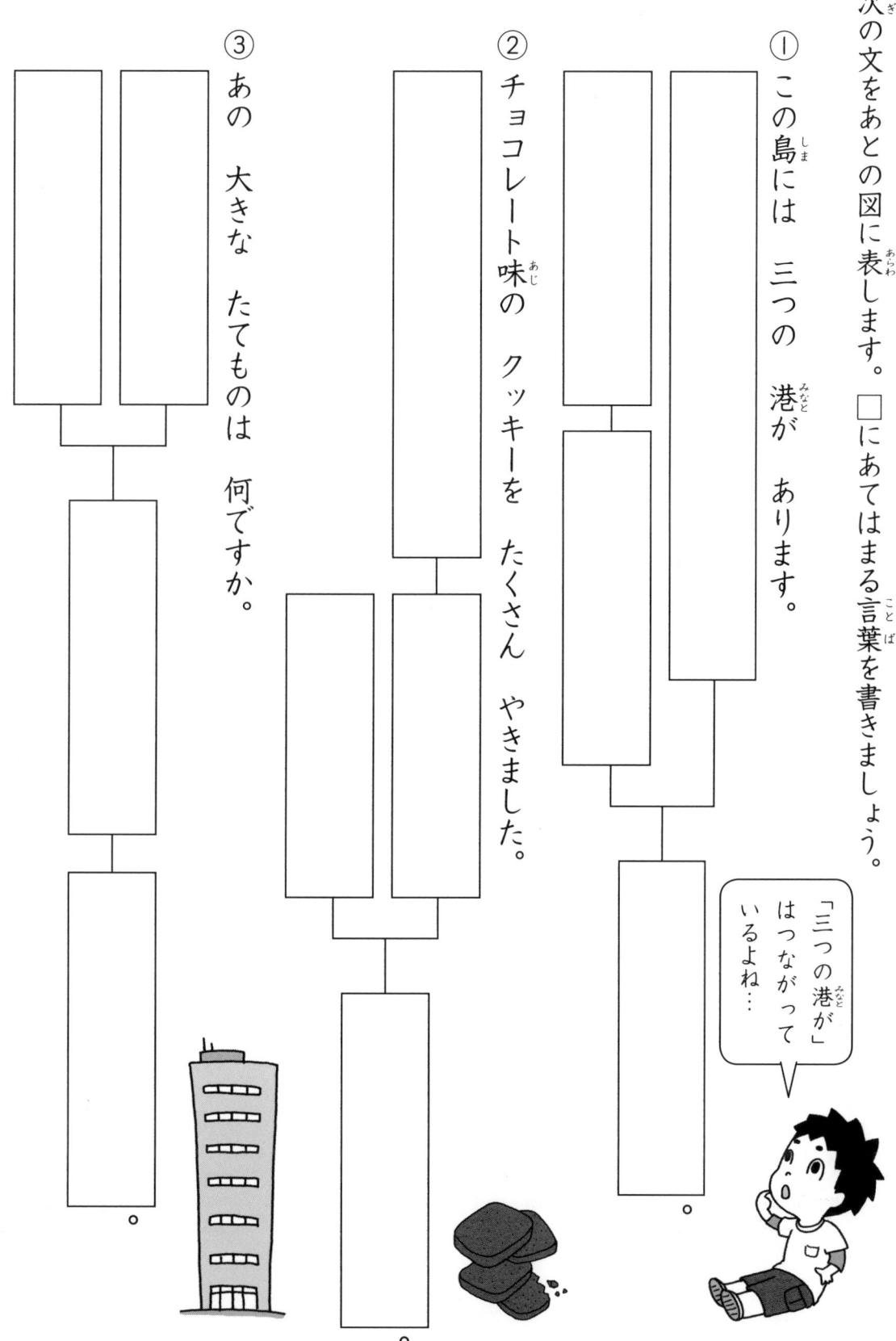

ステップ 2

言葉《ことば》のつながり（4）

文を図にしよう（2）

学習した日　　月　　日

1 次《つぎ》の文をあとの図に表《あらわ》します。□にあてはまる言葉《ことば》を書きましょう。

① お母さんは　きょうだい全員《ぜんいん》に　色ちがいの　手ぶくろを　あんでくれました。

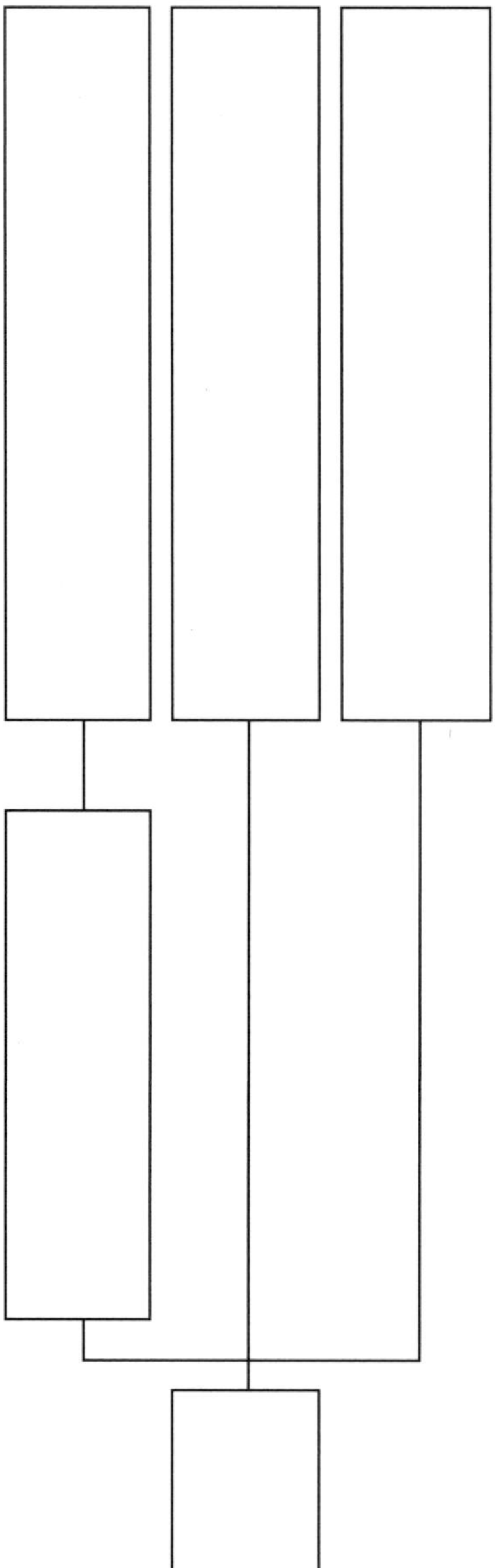

② ここに　あなたの　名前を　書いて　しばらく　お待《ま》ちください。

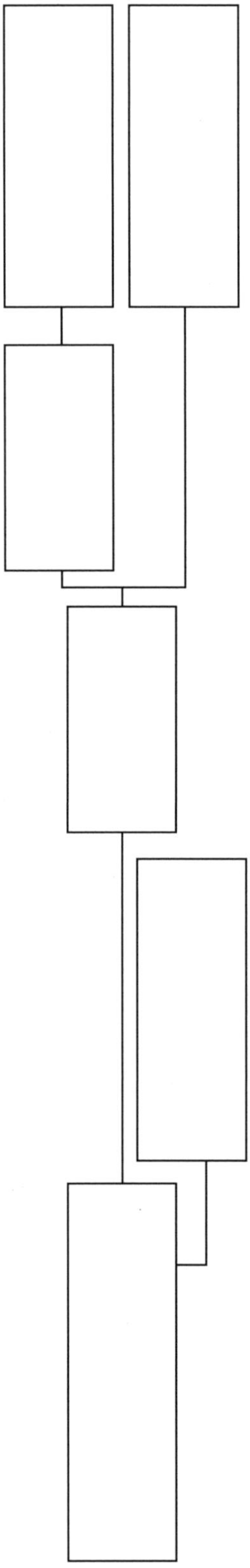

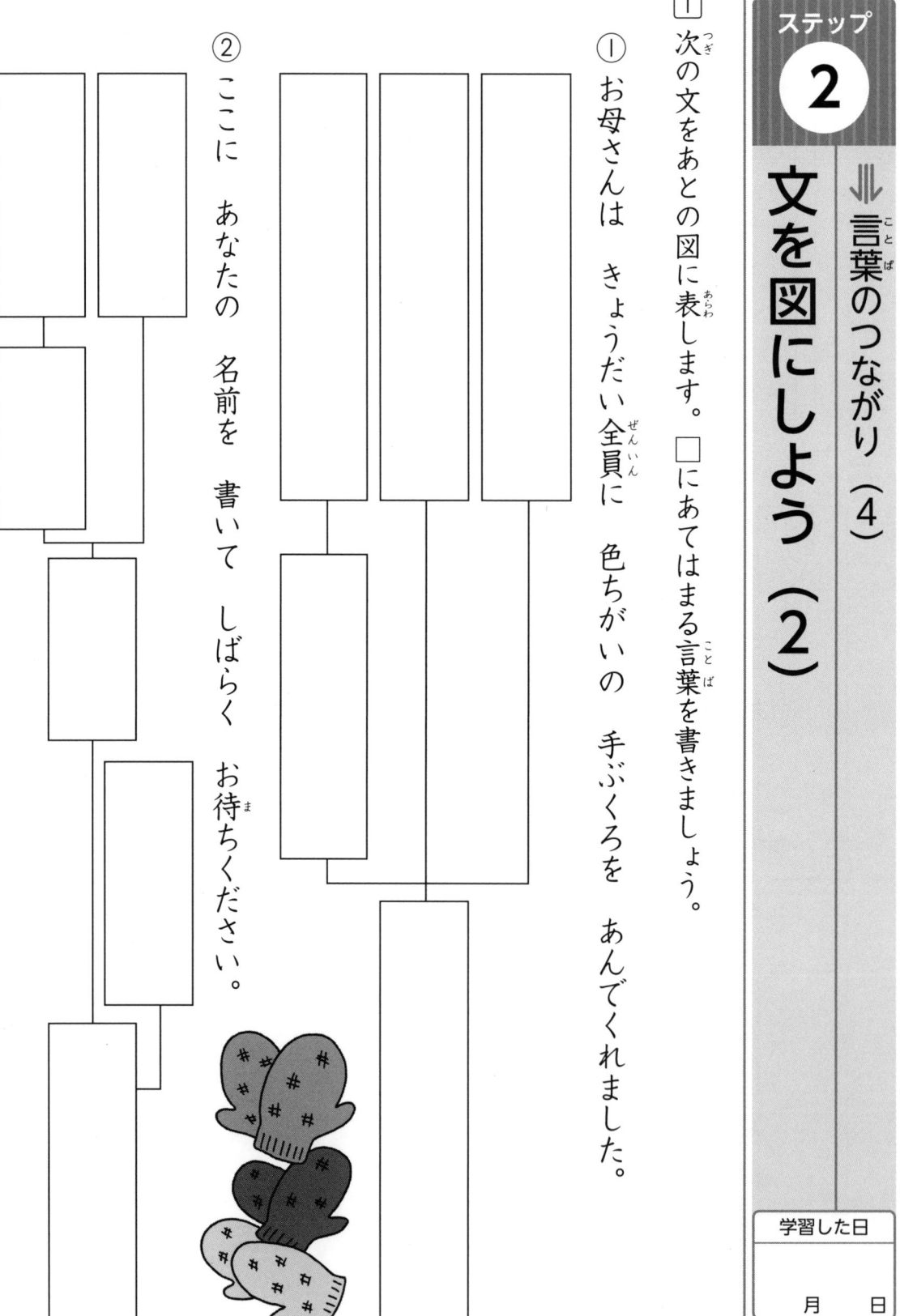

2 **れい**のように考えて、次《つぎ》の□にあてはまるような文を書いてみましょう。

れい

うら庭《にわ》の

とり小屋《ごや》に

二羽の

にわとりが

いる。

①

□□□□□。

②

□□□□□。

②の問題《もんだい》は、いちばん上といちばん下の言葉《ことば》がつながるから、いちばん上が主語《しゅご》、いちばん下が述語《じゅつご》でもいいね。

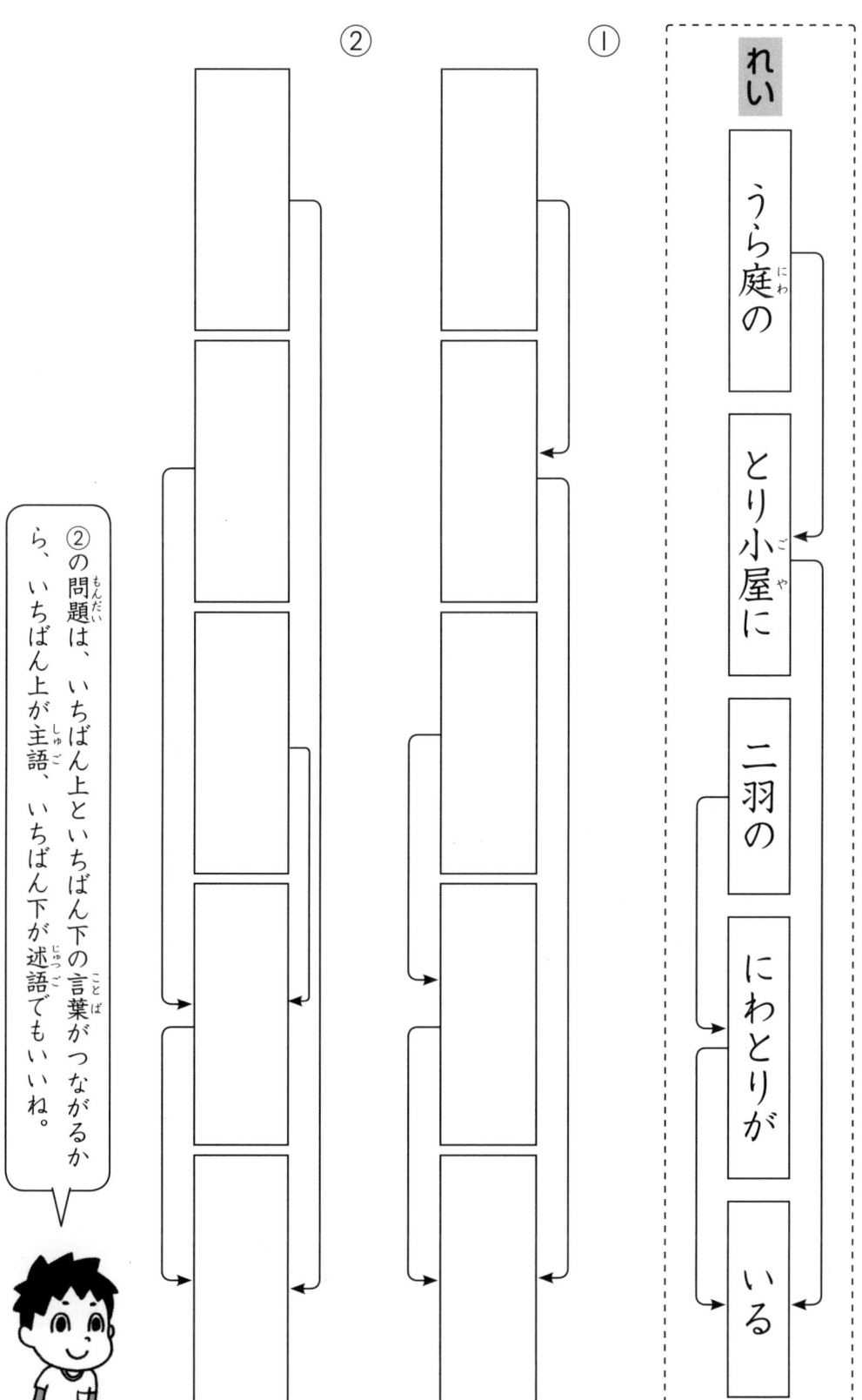

ステップ 2

決《き》まった言い方

言葉《ことば》のつながり（5）

学習した日　月　日

もしもこの問題《もんだい》がとけたら、ケーキをあげるね。
たぶんできないでしょう。
まったくわからない…
がんばれ、カズマ！
ところで—を引いた言葉《ことば》は決《き》まった言い方だと知ってた？

左のように、言葉《ことば》には決《き》まった使《つか》い方をするものがあります。

もしも〜〜ば（れば、たら）
「もしも雨がふれば、中止です」
※決《き》まっていないことを言うとき

たぶん〜〜でしょう（だろう）
「たぶん明日は、雨だろう」
※予想《よそう》して言うとき

まったく〜〜ない
「まったく雨がふらない」
※強く打《う》ち消すとき

次《つぎ》のページの練習問題《れんしゅうもんだい》で、このような決《き》まった使《つか》い方をする言葉《ことば》をおぼえておきましょう。

カズマくんが、算数の問題《もんだい》にちょうせんしています。―線の言葉《ことば》とのむすびつきを考えて、（　）にあてはまる言葉《ことば》を下の［　］からえらんで記号《きごう》で答えましょう。

まさか、かんたんにできることはある（　）。

ぼくの実力《じつりょく》ならば、（　）できるだろう。

こんなにむずかしくては（　）できない。

たとえできなく（　）、せいいっぱい考えよう。

たぶん、あっている（　）。

まちがい。なぜ、計算の見直しをしないのです（　）。

もう一息《ひといき》。あと少しがんばれ（　）、できるようになるでしょう。

こんな問題《もんだい》がとけるようになるなんて、（　）ゆめのようだ。

ア まい	イ か
ウ ても	エ きっと
オ まるで	カ だろう
キ とても	ク ば

ステップ
3
一文を作ろう（1）

ならべかえて文を作ろう

学習した日　月　日

上の□にある言葉《ことば》をならべかえて、下の文を作りました。太い字の言葉《ことば》は形をかえて使《つか》います。
また、「わたしは」の「は」や、「本を」の「を」などをつけたして書きます。

しました
金魚すくい
お祭《まつ》り
行く

太い字になっている言葉《ことば》は、形をかえるよ。

意味《いみ》がつながる言葉《ことば》をえらんで、文にしていこう。「お祭《まつ》り」→「行く」、「金魚すくい」→「しました」だね。

お祭《まつ》りに**行って**、金魚すくい**を**しました。

「行く」を「行って」に形をかえたのね。

「金魚すくい」と「しました」をつなぐのは「を」だね。

右のページのようにして、文を作りましょう。太い字の言葉《ことば》は形をかえて使《つか》います。
言葉《ことば》と言葉《ことば》をつなぐ「は」や「が」なども考えて書きましょう。

①
とても
ひまわり
なった
大きい

②
ジャム
食べた
パン
ぬる

③
まだ
海
ことがない
ぼく
泳《およ》ぐ

ステップ 3

順番《じゅんばん》をかえてみよう

一文を作ろう（2）

学習した日　　月　　日

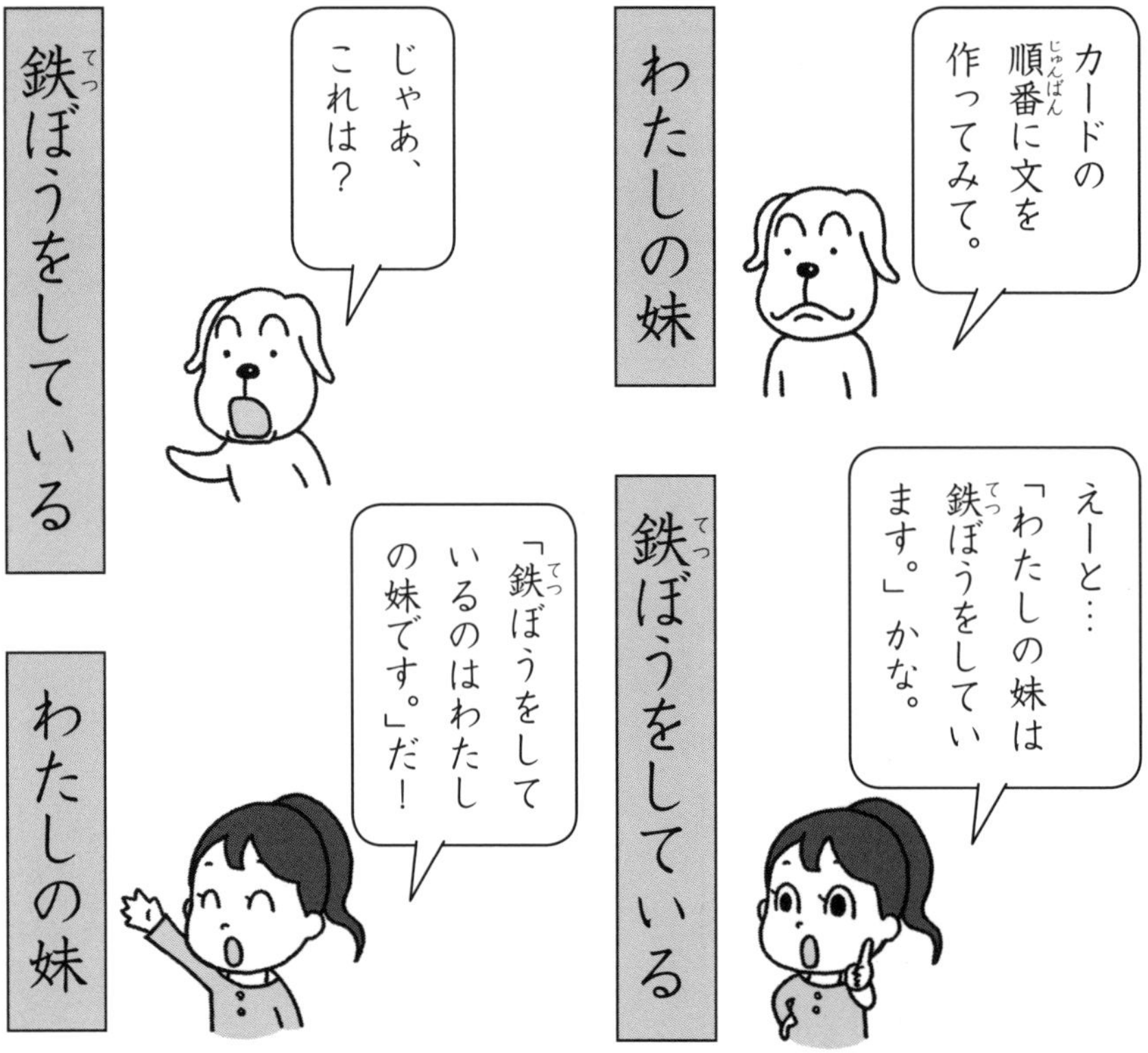

言葉《ことば》の順番《じゅんばん》を入れかえて、同じような意味《いみ》の文を作ることができます。

左の文を、書きかえてみましょう。

花のもようがかいてあるのが、わたしのコップです。

⬅ **「わたしのコップ」を文の始《はじ》めにする。**

書きかえた文がもとの文と同じ意味《いみ》になっているか、たしかめましょう。

次《つぎ》の文を、言葉《ことば》の順番《じゅんばん》を入れかえて書きかえます。文の始《はじ》めや終《お》わりにあてはまるように、書きましょう。

①

今日の持《も》ち物《もの》は、はさみとセロハンテープです。

←

はさみとセロハンテープが ＿＿＿＿

②

わたしは海がきれいな南の島《しま》に行ってみたい。

←

＿＿＿＿ 海がきれいな南の島《しま》です。

③

ペンギンは鳥のなかまですが、とぶことができません。

←

とぶことができませんが、＿＿＿＿

ステップ 3

一文を作ろう（3）

いつ、どこで、だれが、何を？

学習した日　　月　　日

文の中の言葉《ことば》には、それぞれ役《やく》わりがあります。文を書くときには、「いつ」「どこで」「だれが」……というように、必要《ひつよう》なことは何かと考えると、わかりやすくなります。

いつ

今朝

どこで

家の庭《にわ》で

だれが

お姉さんが

何を

植木《うえき》ばちを

どうした

わってしまった

絵に合うように、文を考えて書きましょう。

①

いつ

今朝

どこで

だれが

何を

どうした

。

②

いつ

春になると

何が

何に

どのように

せっせと

何をする

。

③

だれと

だれが

どこで

図書館《としょかん》で

何を

どうした

。

ステップ

3

言葉《ことば》の使《つか》い分け

一文を作ろう（4）

学習した日

月　日

上の絵を、下の言葉《ことば》を使《つか》って文にします。れいのように、ふさわしい言葉《ことば》を考えて書きましょう。

教える

れい　先生がみんなに算数を教える。

教わる

れい　みんなが先生から算数を教わる。

①

うむ

うまれる

②

とける

とかす

③

とばす

とぶ

④

消《け》す

消《き》える

⑤

集《あつ》める

集《あつ》まる

⑥

入る

入れる

ステップ
3

一文を作ろう（5）

結果《けっか》を文にまとめよう

学習した日
月　日

運動場《うんどうじょう》にぼうを立て、太陽《たいよう》とかげの関係《かんけい》を調《しら》べました。
このかんさつのけっかを見て、左ページの問題《もんだい》に答えましょう。

①午前9時のようす
太陽《たいよう》は南東の方角にあり、かげは北西の方角にのびている。

太陽《たいよう》のうごきとかげのむき
午前９時

②正午のようす
太陽《たいよう》は真南《まみなみ》にあり、かげは真北《まきた》の方角にのびている。

正午

③午後3時のようす
太陽《たいよう》は南西の方角にあり、かげは北東の方角にのびている。

午後３時

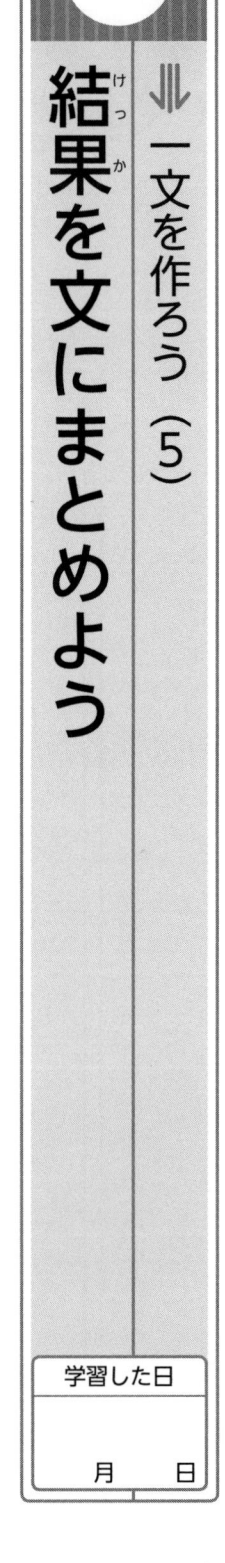

1 かんさつのけっかを文にまとめます。□にあてはまる方角を書きましょう。

太陽《たいよう》は□、□、□へと動《うご》き、かげのむきは□、□、□へと動《うご》いた。

2 このかんさつからわかったことを、文にまとめます。①～⑥にあてはまる言葉《ことば》を、次《つぎ》の□からえらんで書きましょう。

かげのむきは、（①　　）（②　　）（③　　）

そして、（④　　）（⑤　　）（⑥　　）（⑦　　）

かわります。	のびます。	時間が	
太陽《たいよう》の	反対《はんたい》がわに	たつと	かげは

ステップ **4**

読点《とうてん》のいち

正しい文（1）

学習した日
　月　日

おもしろい物語《ものがたり》の感想文《かんそうぶん》を書いたよ。
そんなにおもしろいお話なの？
え？おもしろいのは、お話ではなくて、わたしが書いた感想文《かんそうぶん》！

1 おもしろいのは物語《ものがたり》になるように、「、」をうちましょう。

おもしろい　物語《ものがたり》の　感想文《かんそうぶん》を　書いた。

2 おもしろいのは感想文《かんそうぶん》になるように、「、」をうちましょう。

おもしろい　物語《ものがたり》の　感想文《かんそうぶん》を　書いた。

論理ポイント

読点《とうてん》のいちによって、文の意味《いみ》がちがってくることがあります。文を読むときも書くときも、読点《とうてん》のいちに気をつけましょう。

3 絵に合うように、文に一か所《しょ》か、二か所《しょ》「、」をうちましょう。

①

わたしは 妹と 母に 大きな 花もようの バッグを あげた。

②

わたしは 妹と 母に 大きな 花もようの バッグを あげた。

③

わたしは 妹と 母に 大きな 花もようの バッグを あげた。

ステップ **4**

正しい文にしよう（1）

⇓正しい文（2）

学習した日　　月　　日

買ってもらっちゃった！わたしの人形。
同じの買ってもらっちゃった！わたしは人形。
「わたしは人形」？？？

お姉さんと同じように人形を買ってもらったとわかるように、上のセリフを書きかえます。□にひらがなを一字書きましょう。

わたし□人形。

「わたしは人形」だと、自分が人形っていう意《い》味《み》になっちゃうんだ！

「お姉さんは本、わたしは人形」というときは、「わたしは」を使《つか》うよ。

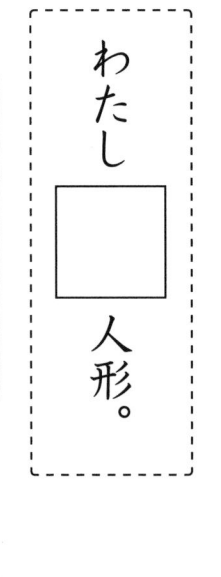

次《つぎ》の文章《ぶんしょう》の「は」「が」「を」などには、まちがった使《つか》い方のものがあります。まちがっているものに×をつけて、正しく書きましょう。

はじめて二十五メートル泳《およ》ぎ切ったこの日から、わたしが水泳《すいえい》もうとっくんが始《はじ》まった。

夏休みは、毎日プールに通った。はじめのころと、二十五メートル泳《およ》げる日もあれば、泳《およ》げない日もあったけれど、だんだん泳《およ》ぎ切れる回数をふえてきた。

夏休み明けにはじゅぎょうを二十五メートル泳《およ》ぐテストがある。泳《およ》ぎ切れたときの感動《かんどう》とたっせい感《かん》をわすれないようにして、夏休みに終《お》わる日まで、毎日練習《れんしゅう》をつづけた。

ステップ 4

正しい文にしよう（2）

⇓正しい文（3）

学習した日　月　日

れいのようにして、まちがった文を正しい文に書きかえましょう。

れい

お父さんに大きな魚がつり上げた。

←「つり上げた」はそのままにする。

お父さんは（が）大きな魚をつり上げた。

「お父さんにつり上げた」はおかしいね…。
「つり上げた」をそのままにするなら、「お父さんはつり上げた」にするのか。

①

わたしが学校で習《なら》ったそろばんも苦手《にがて》だ。

←「苦手《にがて》だ」はそのままにする。

苦手《にがて》だ。

②

わたしは友だちがテニスを習《なら》うらしい。

「習《なら》うらしい」はそのままにする。

習《なら》うらしい。

そのままにする言葉《ことば》につながるようにするには、どこをかえればよいか考えてね。

③

お姉さんの夏休みの自由研究《じゆうけんきゅう》は、星のかんさつをする。

「かんさつをする」はそのままにする。

かんさつをする。

④

わたしは図書委員《いいん》の役《やく》わりは学級文庫《がっきゅうぶんこ》を整理《せいり》することです。

「整理《せいり》することです」はそのままにする。

整理《せいり》することです。

ステップ 4

正しい文（4）

正しい文にしよう（3）

学習した日　　月　　日

れいのようにして、まちがった文を正しい文に書きかえましょう。

れい

大きな魚がお父さんにつり上げた。

←「大きな魚が」はそのままにする。

大きな魚がお父さんにつり上げられた。

①

日本の鉄道《てつどう》のことがその人にくわしい。

←「その人です」で終《お》わる文にする。

その人です。

あれ、前のページとちがうね…。
「大きな魚が」をそのままにするなら、「お父さんにつり上げられた」だね。

②

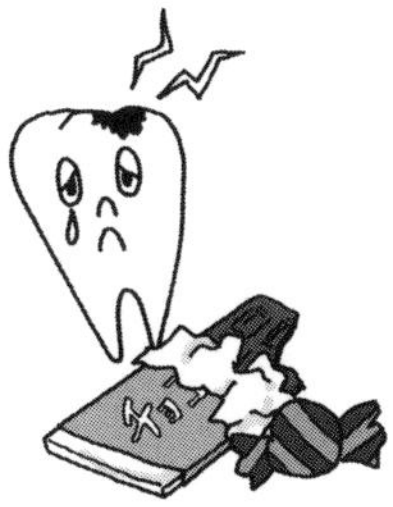

虫歯《むしば》になる理由《りゆう》のひとつは、あまい物《もの》の食べすぎることです。

「あまい物《もの》の」はそのままにする。

あまい物《もの》の

③

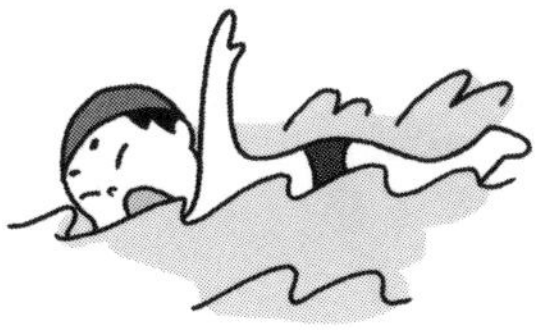

ぼくの夏休みの目ひょうは、五十メートル泳《およ》げるようになる。

「なる」のあとに言葉《ことば》をつけたす。

④

電車は予定《よてい》より一時間おくれて駅《えき》に着《つ》いたのは雪のためです。

「電車は」はそのままにする。

電車は

ステップ 4

⇓正しい文（5）

正しい文にしよう（4）

学習した日　　月　　日

1 次《つぎ》の文には、いらない言葉《ことば》が一つ入っています。その言葉《ことば》を○でかこみましょう。

れい

お姉さんはおつかいに行くと、いつもより道をしてしまいますが、
それはかわいい犬がいる家が楽しみの近くにあるからです。

①

たん生日にはグローブを買ってもらうやくそくをしたので、
すぐにぼくはその日が来るのをまっている。

②

雪がっせんをしたことのない人がいつもふえているそうですが、
雪がふらないからしかたないと思いました。

③

物語《ものがたり》を音読するときは、声の大きさや読む速《はや》さに気をつけるだけでなく、
場面《ばめん》に合わせて本の感情《かんじょう》をこめて読むようにします。

2 次《つぎ》のアとイの文は、どちらも①～⑦のうち、ひとつだけ順番《じゅんばん》がちがうものがあります。正しい文にするには、何番を何番の前に入れるとよいか答えましょう。

ア ①学級会《がっきゅうかい》の ②しかいは ③みんなが ④発言《はつげん》しやすいように ⑤進《すす》めることが ⑥話し合いを ⑦大切です。

（　　）を（　　）の前に入れる

イ ①春になると ②鳴き声が ③うぐいすなどの ④鳥の ⑤山や ⑥里に ⑦ひびきわたります。

（　　）を（　　）の前に入れる

3 次《つぎ》の文を、〰〰の部分《ぶぶん》をかえずに、正しい文に書きかえましょう。ただし、いらなくなる言葉《ことば》があります。

※習《なら》っていない漢字《かんじ》は、ひらがなで書いてもかまいません。

ぼくのしょうらいの夢《ゆめ》は、うちゅう飛行士《ひこうし》になりたい。

（　　　　　　　　　　　　）

主語《しゅご》と述語《じゅつご》の関係《かんけい》が正しいか、考えてみてね。
「なりたい」が述語《じゅつご》だね。

ステップ 5

すじ道をたてて考える（1）

ひまわりの育《そだ》ち方

学習した日
月　日

ひまわりの育《そだ》ち方について、種《たね》を植《う》えるところから、かれるまでを①～⑧の順《じゅん》にならべました。

絵の説明《せつめい》にあてはまる文を、左ページのイ～キからえらび、記号《きごう》で答えましょう。

①
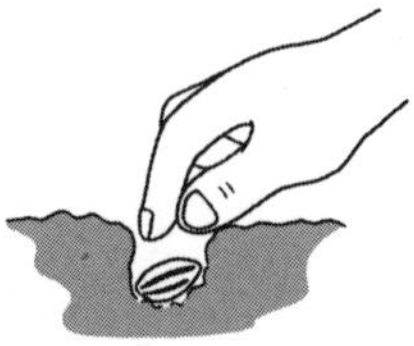
ア

②

□

③
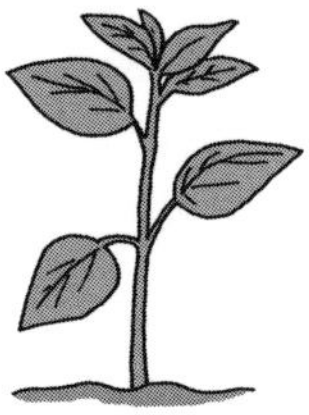
□

④

□

⑤

□

⑥

□

⑦

□

⑧
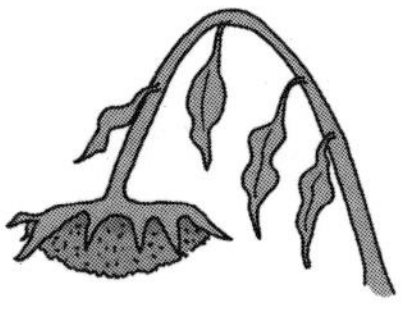
ク

ア 土に指《ゆび》であなをあけ、種《たね》を一つぶずつ入れ、そっと土をかぶせます。種《たね》を植《う》える時期《じき》は、4月の終《お》わりから6月にかけてです。

イ すると、一週間ほどで芽《め》が出てきます。

ウ 花を正面から見ると、まん中に花びらがない部分《ぶぶん》があります。この部分《ぶぶん》がやがて種《たね》になります。

エ つぼみが開《ひら》いて花がさくのは、7月中ごろから8月にかけてです。これは、横《よこ》から見た図です。

オ ひまわりは10月ごろからかれ始《はじ》めます。花の中央《ちゅうおう》から、種《たね》がたくさんとれます。

カ ぐんぐん育《そだ》ち、やがてくきからつぼみが出てきました。

キ 芽《め》が出ると、葉《は》をふやしながら、ぐんぐん育《そだ》っていきます。高さ3mまで育《そだ》つものもあります。

ク 種《たね》をうえてからおよそ半年で、すっかりかれてしまいました。ひまわりのように、種《たね》を植《う》えて一年でかれてしまう植物《しょくぶつ》を一年草《いちねんそう》といいます。

ステップ 5

すじ道をたてて考える（2）

計算のじゅんじょ

学習した日　月　日

たし算・ひき算・かけ算や、かっこが一つの式《しき》にまじった計算をするときは、次《つぎ》のきまりにそって計算します。

●かけ算は、たし算やひき算より先に計算する。

●かっこの中の計算は、どんな計算であっても、先に計算する。

下の図は、このきまりにそって計算する順《じゅん》をしめしたものです。

①から③の順《じゅん》に計算すれば正しく答えられます。このように計算問題《もんだい》も、考えるすじ道をはっきりさせることが大切です。

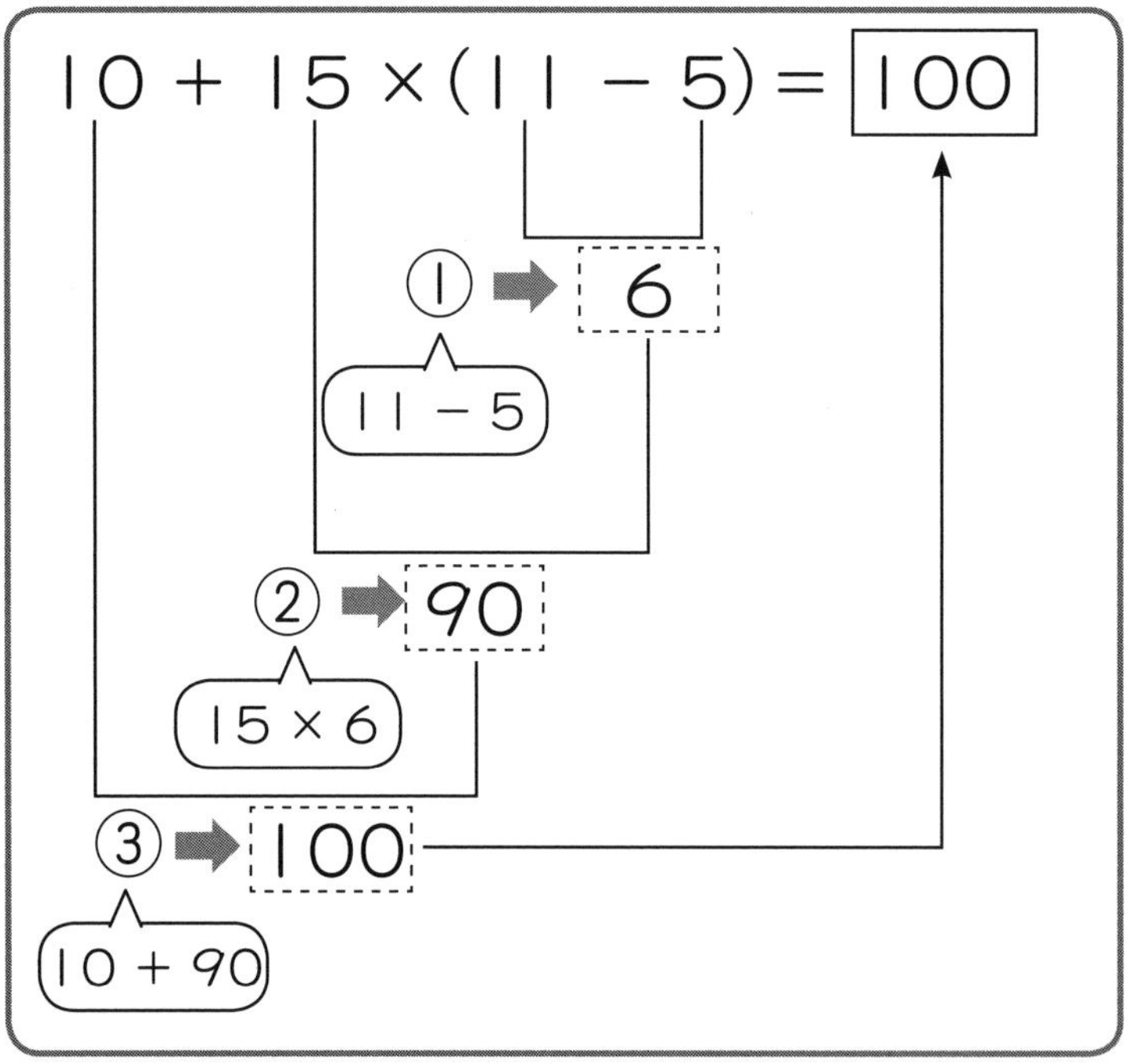

10 + 15 ×（11 − 5）= 100
① ➡ 6
11 − 5
② ➡ 90
15 × 6
③ ➡ 100
10 + 90

①（かっこ）があるからいちばん先に計算する。

②かけ算だから、たし算より先に計算する。

③さい後にたし算を計算する。

右のページのようにして、ア～ウの計算を図にしながらとき進めましょう。

ア　8＋(9－4)×2－15＝□

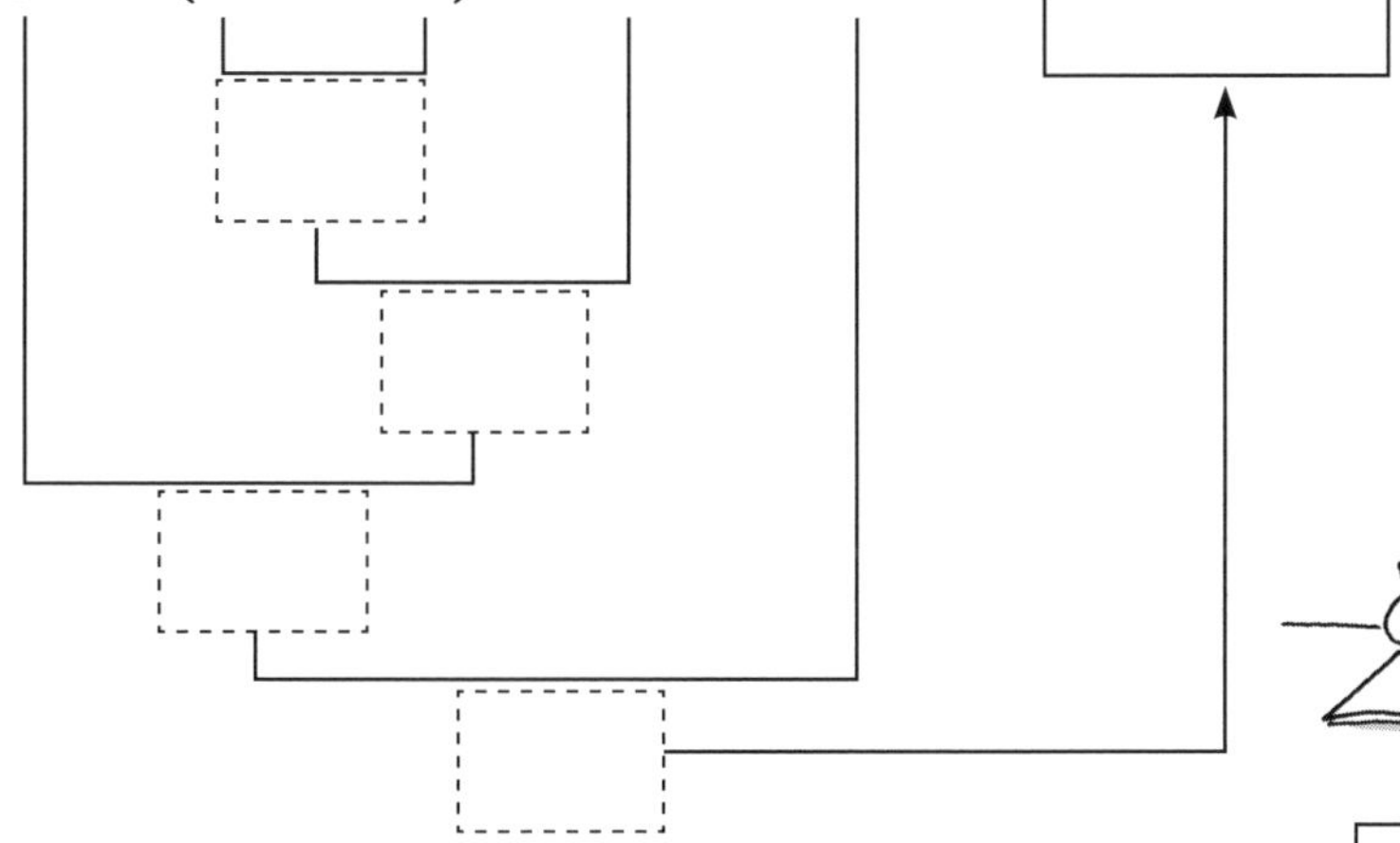

イ　(30－2×3×4)×8－40＝□

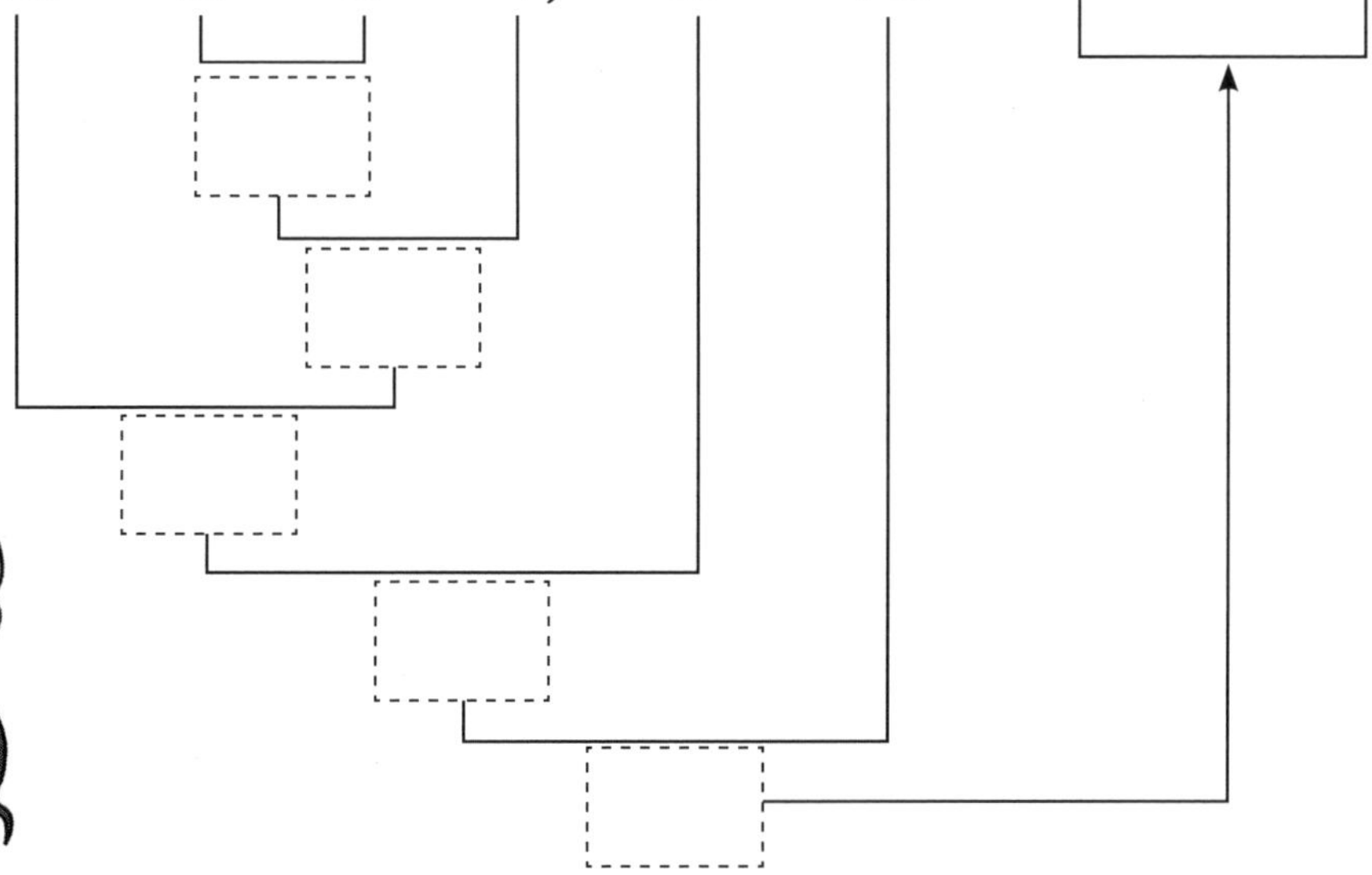

ウ　32＋2×(100－6×11)＝□

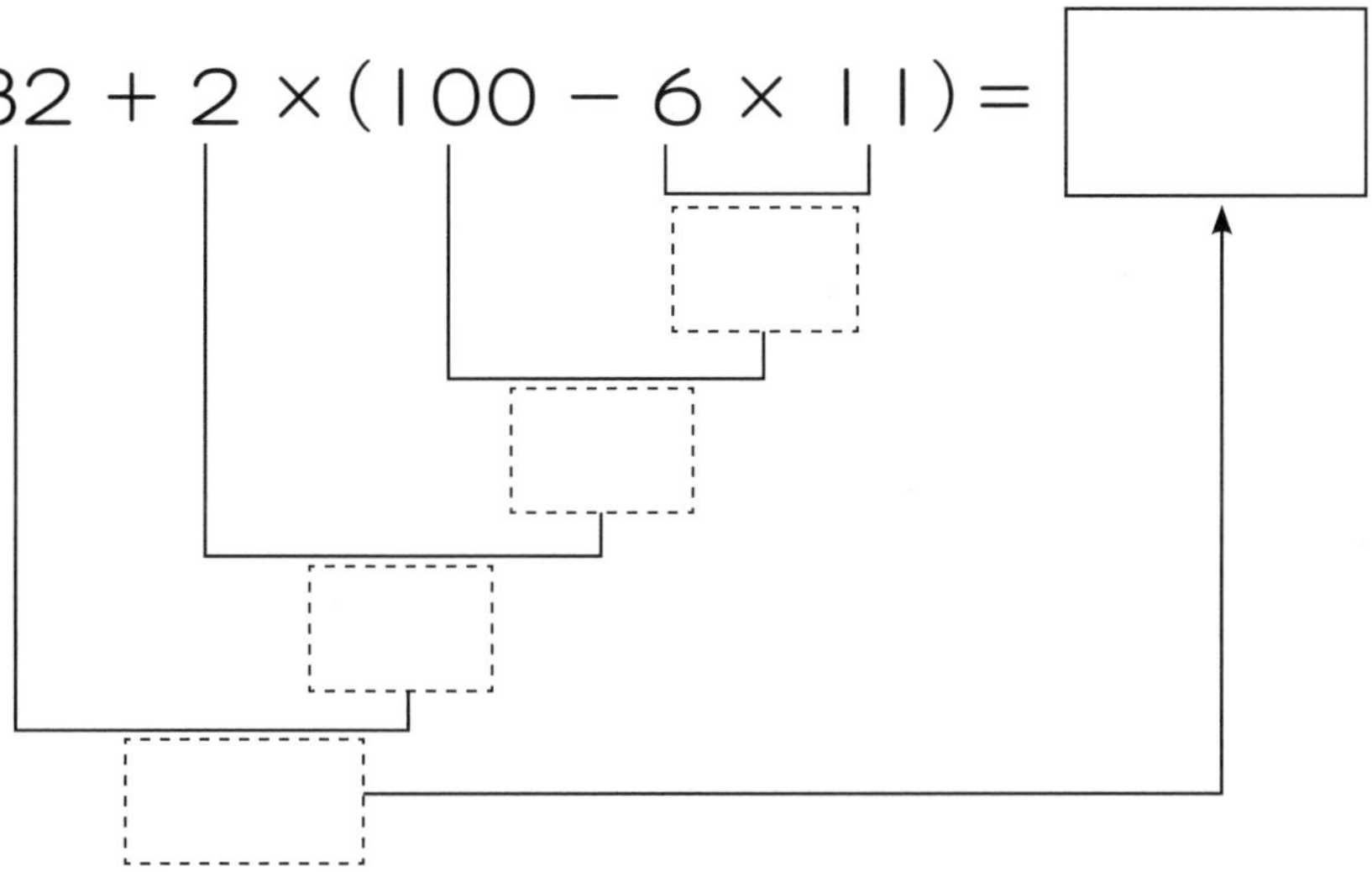

ステップ

5

すじ道をたてて考える（3）

地図を使《つか》って説明《せつめい》しよう

学習した日

月　日

地図をもとに、郵便局《ゆうびんきょく》から図書館《としょかん》までの行き方を説明《せつめい》する文を完成《かんせい》させます。

□にあてはまる方角と、○にあてはまる数を答えましょう。

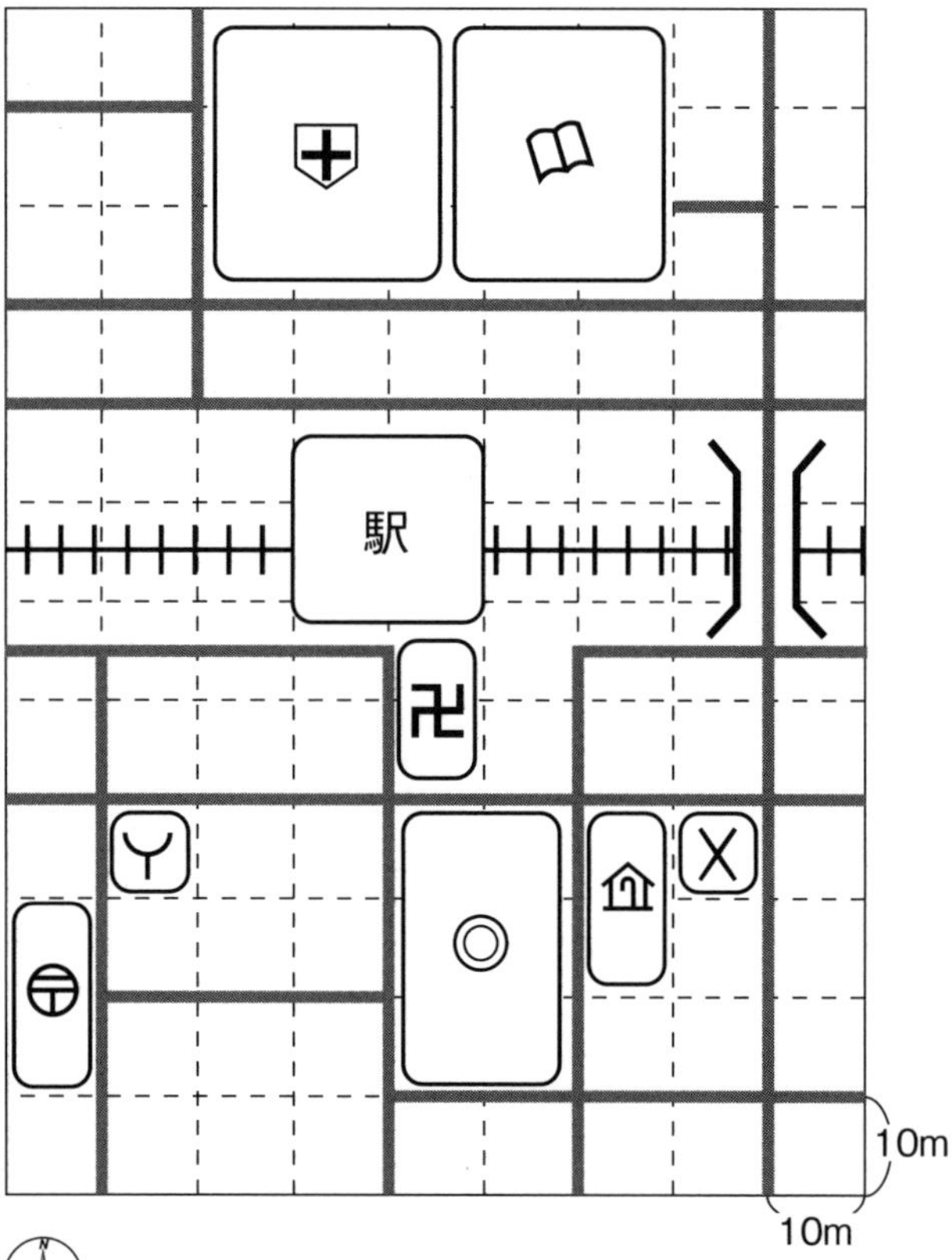

…病院《びょういん》　…図書館《としょかん》　…寺

…交番　…老人《ろうじん》ホーム　…市役所《しやくしょ》

…消防署《しょうぼうしょ》　…郵便局《ゆうびんきょく》

① 郵便局《ゆうびんきょく》から□にのびる道を、○m進《すす》みます。

すると、市役所《しやくしょ》があります。

② 市役所《しやくしょ》の前を□に曲《ま》がって○m進《すす》みます。

③ 寺が見えますから、その手前の交差点《こうさてん》を□へ○m進《すす》みます。

④ 交番がある交差点《こうさてん》を□へ曲《ま》がって、○m進《すす》みます。

そのと中で、橋《はし》をわたります。

⑤ 橋《はし》をわたって○つ目の交差点《こうさてん》を□へ曲《ま》がると、図書館《としょかん》です。

地図をたどりながら答えていこうね。この問題《もんだい》ができたら、「交番から病院《びょういん》までの行き方」など、いろいろ説明《せつめい》してみよう。

ステップ 5

漢字《かんじ》を作ってみたよ

すじ道をたてて考える（4）

何これ？
何て読むの？

わたしが作った漢字《かんじ》。
木へんに星と書いて、きらきら光る木だから、「クリスマスツリー」！

漢字《かんじ》には一字一字に意味《いみ》があります。そのことを使《つか》い、二つ以上《いじょう》の漢字《かんじ》を組み合わせて、自分で漢字《かんじ》とその読み方を考えてみましょう。どうしてそう読むのか、理由《りゆう》を説明《せつめい》しましょう。

クリスマスツリー
「なぜ？」と聞かれたとき、だれにでも理由《りゆう》がわかるように考えようね。

学習した日
月　日

れいのように自分で漢字《かんじ》を作って、どんな意味《いみ》の字なのかを説明《せつめい》しましょう。

れい

虬

どのように書く？

虫に丸と書く。

何と読む？

ダンゴムシ

どうして？

どのように書く？

何と読む？

どうして？

どのように書く？

何と読む？

どうして？

答えは「別冊」の25ページに！

ステップ 5

光の進《すす》み方

すじ道をたてて考える（5）

学習した日　　月　　日

かがみを使《つか》って、光を反射《はんしゃ》することができるよ。
光ってまっすぐに進《すす》むね。
空気が動《うご》いていたらどうなるのかな？
え、空気が動《うご》いていたら？

光が空気の中をまっすぐに進《すす》むことをたしかめる実験《じっけん》をします。絵に合うように、実験《じっけん》のじゅんびと方法《ほうほう》を**ア**～**エ**からえらんで記号《きごう》を書きましょう。

①

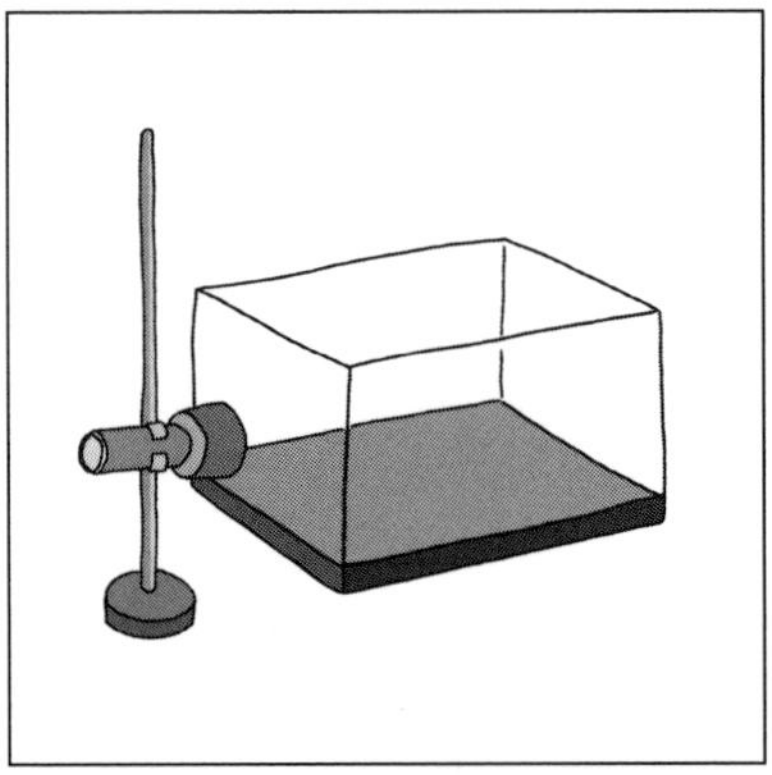

ウ

②

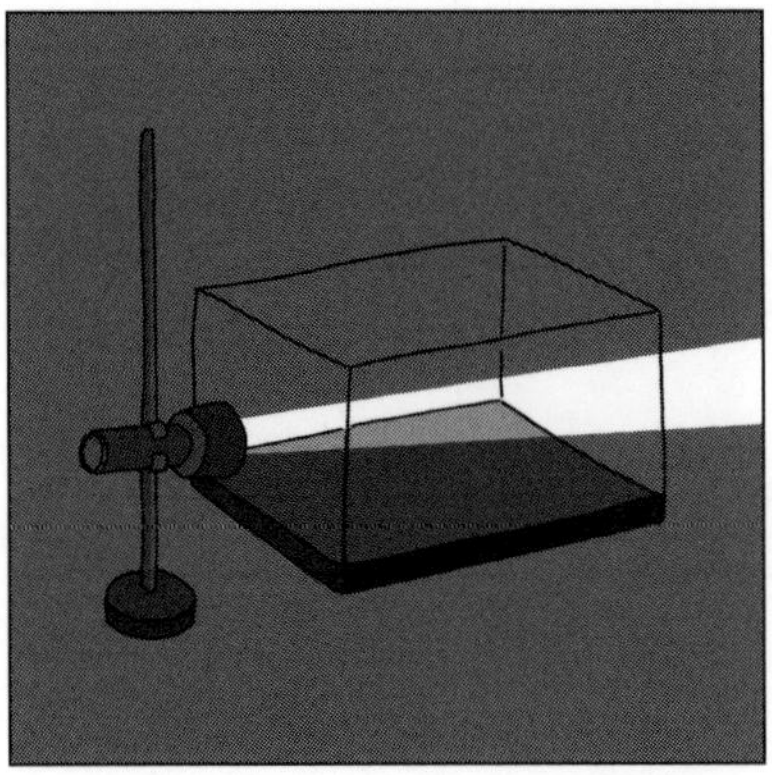

③

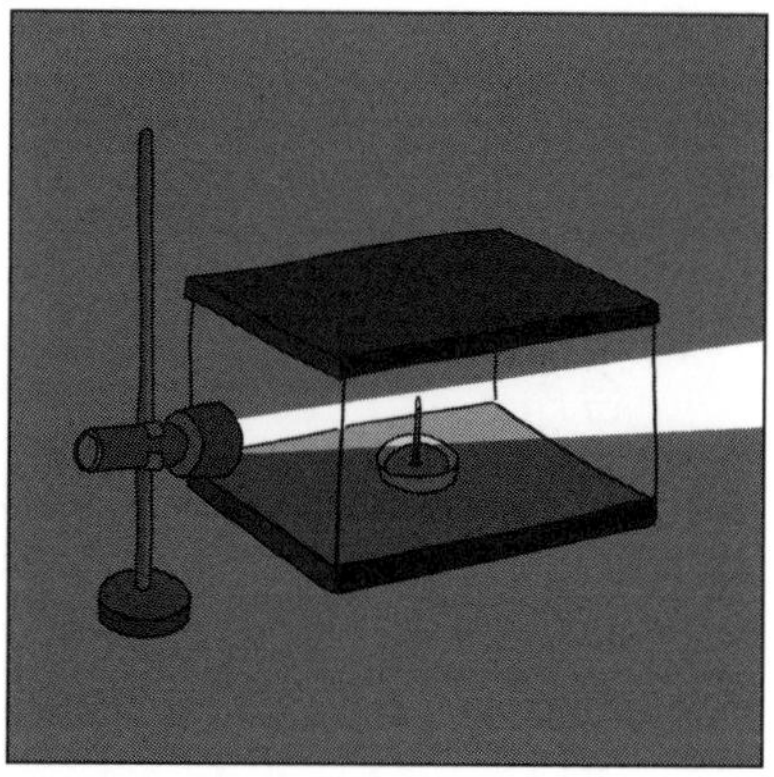

④

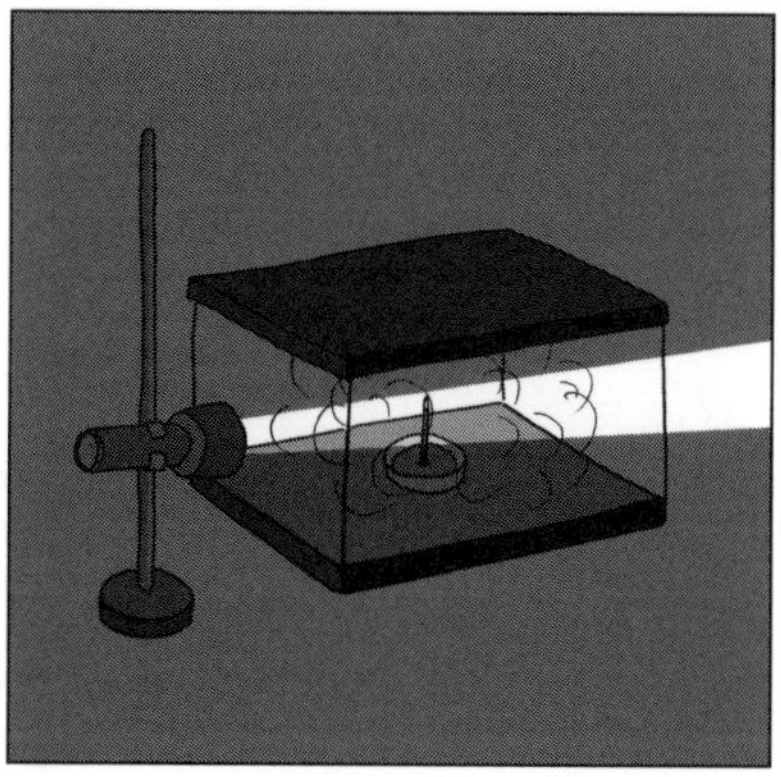

ア 水そうに火のついた線香《せんこう》を入れてふたをします。

イ 部屋《へや》を暗《くら》くして、かい中電とうのスイッチを入れます。光がまっすぐ進《すす》んでいることがわかります。

ウ かい中電とうを何も入っていない水そうに向《む》けて取《と》りつけます。

エ けむりが動《うご》いているので、水そうの中の空気も動《うご》いていることがわかります。しかし光はまっすぐのままです。

実験《じっけん》でたしかめられたことをまとめます。（　）にあてはまる言葉《ことば》を書きましょう。

空気が（　　　　　）、
光は（　　　　　）進《すす》むことがわかりました。

ステップ 6
図・しりょうを読み取《と》る（1）

よごれた水はどうなる？

学習した日　　月　　日

これは、下水処理場《げすいしょりじょう》についてまとめた図です。

家庭《かてい》のおふろや
台所《だいどころ》で使《つか》った水
工場のはい水
よごれた水
小さなゴミや
どろをしずめる。
大きなゴミや
すなを
とりのぞく。
どろ
きれいな水を、
しょうどくして
川に流《なが》す。

図に書いてある説《せつ》明《めい》文をしっかり読もうね。

右の図を見て、問題《もんだい》に答えましょう。

① よごれた水とはどんな水ですか。二つ書きましょう。また、それには何がまじっていますか。三つ書きましょう。

よごれた水

まじっているもの

② きれいになった水はどうするのですか。

ステップ 6

図書館《としょかん》

図・しりょうを読み取《と》る（2）

学習した日　月　日

図書館《としょかん》のようすと使《つか》い方を調《しら》べました。

絵本のコーナーでは、週に一度《いちど》、お話し会と紙しばいをしています。

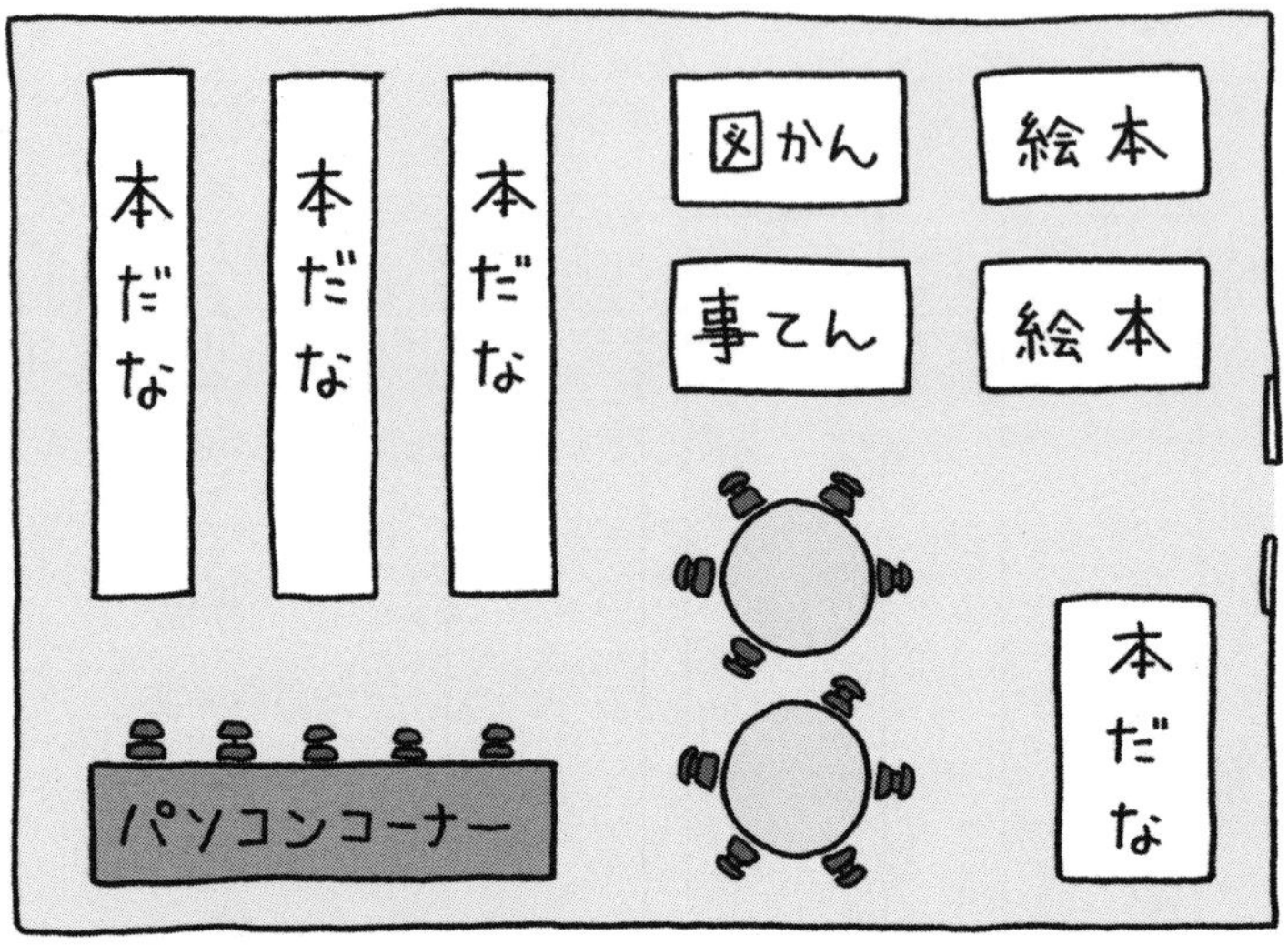

パソコンコーナーでは、インターネットを使《つか》うことができます。

図かんと事《じ》てんのコーナーには、小学生向《む》けから大人向《む》けまで、たくさんの本があります。ただし、毎日多くの人がそれを使《つか》って調《しら》べ物《もの》や勉強《べんきょう》をするので、かし出しはできません。

開館時間《かいかん》	午前９：００から午後５：３０
休館日《きゅうかんび》	月曜日
かし出し	一人３さつまで
かし出し期間《きかん》	一週間

右のページの図と説明《せつめい》を読んで、わかったことをまとめましょう。

① 図書館《としょかん》では、一人何さつの本を、どれだけの間かりることができますか。

② 図書館《としょかん》にはどのようなコーナーがありますか。三つ書きましょう。

③ 図書館《としょかん》でかりることのできない本について、（　　）にあてはまる言葉《ことば》を書きましょう。

図書館《としょかん》では、いろいろな本をかりることができます。（　　）、図かんや事《じ》てんはかりることができません。なぜなら、図かんや事てんは、毎日たくさんの人が（　　）からです。

〈〈〈 答えは「別冊」の28ページに！

ステップ 6

九九の表《ひょう》

図・しりょうを読み取《と》る（3）

学習した日　　月　　日

左の表《ひょう》は、かけ算九九の表《ひょう》から、一部《いちぶ》を切りぬいたものです。アとイにあてはまる数を、考えてみましょう。

問題《もんだい》

16	ア
20	25
イ	30

(1)　まず、横《よこ》にならんだ数を見て、それぞれ何のだんの九九かを考えましょう。
中の列《れつ》では、20 → 25 と、数が 5 ふえています。つまり中の列《れつ》は、5 のだんの九九をぬき出したものです。すると、上の列《れつ》は 4 のだん、下の列《れつ》は 6 のだんと考えることができます。

16	ア
20	25
イ	30

(2)　次《つぎ》に、かける数を考えます。5 のだんの九九で答えが 20 になるのは、5 × 4 = 20 です。
また答えが 25 になるのは、5 × 5 = 25 です。
つまり左から× 4、× 5 となっているのです。

(3)　つまりアにあてはまるのは、4 × 5 = 20 です。
イにあてはまるのは、6 × 4 = 24 となります。

答え　ア…20　　イ…24

この部分《ぶぶん》を切りぬいたんですね。

かけられる数 ＼ かける数	1	2	3	4	5	6	7	8	9
1のだん 1	1	2	3	4	5	6	7	8	9
2のだん 2	2	4	6	8	10	12	14	16	18
3のだん 3	3	6	9	12	15	18	21	24	27
4のだん 4	4	8	12	16	20	24	28	32	36
5のだん 5	5	10	15	20	25	30	35	40	45
6のだん 6	6	12	18	24	30	36	42	48	54
7のだん 7	7	14	21	28	35	42	49	56	63
8のだん 8	8	16	24	32	40	48	56	64	72
9のだん 9	9	18	27	36	45	54	63	72	81

右ページのように考えて、①〜③の［　］の文章《ぶんしょう》の（　）にあてはまる数を書き、かけ算九九の表《ひょう》の一部《いちぶ》の、ア〜ウにあてはまる数を答えましょう。

①

12	14	ア
イ		
24	ウ	32

横《よこ》にならんだ数を見て、
何のだんの九九かを考える。
アは（　　）のだん。
するとイは（　　）のだん。
ウは（　　）のだん。
かける数は（　　）（　　）（　　）
になる。

②

24	ア	40
イ	36	ウ

アは（　　）のだん。
するとイとウは（　　）のだん。
かける数は（　　）（　　）（　　）
になる。

③

		ア
	イ	72
ウ	72	81

この問題《もんだい》は、アからじゅんには
もとめられない。
ウは（　　）のだん。
するとイは（　　）のだん。
アは（　　）のだん。
かける数は（　　）（　　）（　　）
になる。

ステップ 6

図・しりょうを読み取《と》る（4）

こん虫さがし

学習した日　　月　　日

次《つぎ》の5しゅるいの生物《せいぶつ》のとくちょうを、表《ひょう》にまとめました。生物《せいぶつ》の図と、表《ひょう》をもとに、左ページの問《もん》題《だい》に答えましょう。

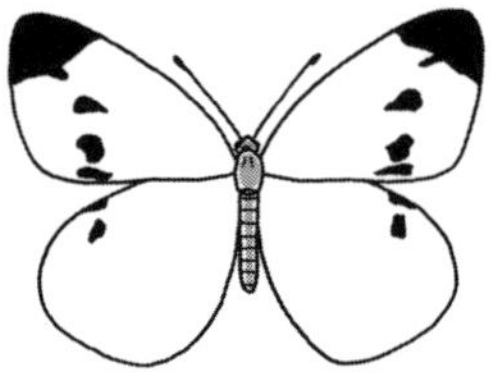

モンシロチョウ

クモ

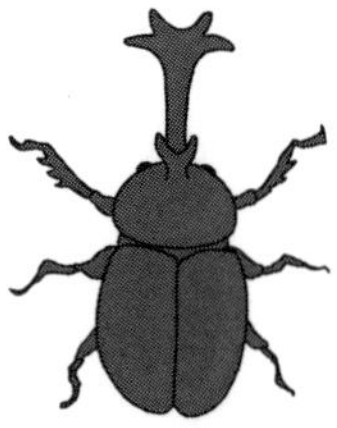

カブトムシ

クロアリ
（はたらきアリ）

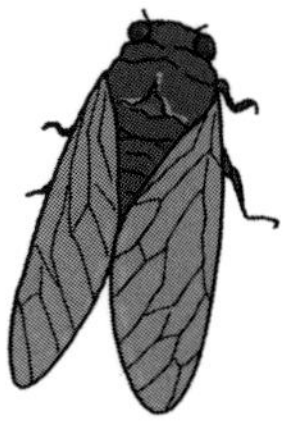

アブラゼミ

生物《せいぶつ》のしゅるい	オスにはつのがある	鳴き声が大きい。	はねをもっている。	土の中にすをつくる。	空をとぶことができる。	からだが頭・むね・はらの3つの部分《ぶぶん》でできている。	むねに6本のあしがついている。
A				○		○	○
B							
C			○		○	○	○
D		○	○		○	○	○
E	○		○		○	○	○

1 表《ひょう》のA～Eにあてはまる生物《せいぶつ》の名前を答えましょう。

A	B	C	D	E

2 表《ひょう》のA、C、D、Eにあてはまる生物《せいぶつ》は、こん虫のなかまです。こん虫のとくちょうとしてあてはまることを、左から2つえらんで□に✓をかきましょう。

□ 鳴くことができる。

□ むねに6本のあしがついている。

□ はねをもっている。

□ からだが頭、むね、はらの3つの部分《ぶぶん》でできている。

ステップ 6

図・しりょうを読み取《と》る（5）

虫くい算

学習した日

月　　日

たし算の筆算《ひっさん》に、空いているところがあります。あてはまる数をもとめるには、どうすればいいでしょう。

問題《もんだい》

	1	イ	5
+	1	6	ア
	3	5	7

(1) 一のくらいの計算は、5 +□= 7 と考えられます。5 にたして 7 になる数は 2 なので、アには 2 が入ります。

	1	イ	5
+	1	6	ア 2
	3	5	7

(2) 十のくらいの計算は、□+ 6 = 5 ではありません。百のくらいの計算が、1 + 1 = 3 となっているので、十のくらいから 1 がくり上がっていると考えられます。

(3) つまり、十のくらいの計算は、□+ 6 = 15 ということです。6 をたして 15 になる数は 9 なので、イには 9 が入ります。

	1	イ 9	5
+	1	6	ア 2
	3	5	7

右ページのように考えて、次《つぎ》の①〜④の筆算《ひっさん》の、ア〜ウにあてはまる数を答えましょう。

①

	2	イ	1
+	ウ	4	ア
	5	1	9

一のくらいの計算は、
1 +□= 9
十のくらいの計算は、
□+ 4 = 1 ではないよ。
□+ 4 = 11 と考えよう。

②

	5	イ	ア
+		6	7
	ウ	0	4

一のくらいの計算は、
□+ 7 = 14
十のくらいの計算には、くり上がった「1」があるよ。
1 +□+ 6 = 10 だね。百のくらいに 1 くり上がることに注意《ちゅうい》！

③

	4	イ	6
−	1	6	ア
	ウ	7	0

ひき算はくり下がりに注意《ちゅうい》しよう。
一のくらいは 6 −□= 0
十のくらいは□− 6 = 7 だから、百のくらいからくり下げると考えよう。
13 − 6 = 7 で、百のくらいは「3」になることに気をつけてね。

④

	3	イ	3
−	ウ	9	ア
	1	0	5

出口汪（でぐち・ひろし）

1955年、東京都生まれ。30年以上にわたって受験生の熱い支持を受ける大学受験現代文の元祖カリスマ講師。全国の学校・塾で採用され、目覚ましい効果を挙げている言語トレーニングプログラム「論理エンジン」の開発者として、その解説と普及に努めている。

論理エンジン ▶ https://ronri.jp
出口汪オフィシャルサイト ▶ https://deguchi-hiroshi.com

▶STAFF◀

イラスト ◎ 設樂みな子
表紙デザイン ◎ 与儀勝美
構成協力 ◎ 小倉宏一（ブックマーク）
　石川享（タップハウス）
編集協力 ◎ いしびききょうこ（ニコワークス）
　高橋沙紀／葛原武史・和西智哉（カラビナ）
ファーマット作成 ◎ 武井千鶴・カラビナ
本文DTP ◎ 中嶋正和（Que）
編集 ◎ 堀井寧（小学館）

出口汪の日本語論理トレーニング 小学三年 基礎編

2012年11月25日　第1版第1刷発行
2024年11月6日　第1版第11刷発行

著　者 ● 出口 汪
発行人 ● 北川 吉隆
発行所 ● 株式会社 小学館
　〒101-8001　東京都千代田区一ツ橋 2-3-1
電　話 ● 編集 (03) 3230-5689
　販売 (03) 5281-3555
印刷所 ● 三晃印刷株式会社
製本所 ● 株式会社難波製本

ISBN978-4-09-837734-3

論理エンジンJr.《ジュニア》 3年

答えと
くわしい考え方

―― 答えとくわしい考え方の使い方 ――

- ここには本文の解答と、それに対するくわしい考え方が記されています。
- 上段には本文ページを縮小したものが、淡いグレーで表示されています。その中で、解答だけが濃い黒で表示されています。
- 下段には上段のページのくわしい考え方が記されています。
- 論理エンジンは正解率を競う教材ではありません。言葉のとらえ方、考え方をトレーニングするためのものですので、正解した場合でも下段をよく読んでください。
- 不正解の場合も、自信を失う必要はありません。下段の考え方を参考に、納得できるまで練習してください。

小学館

ステップ 1 ⇓ 一文の要点《ようてん》（1）

「どうした」「何だ」「どんなだ」

学習した日 月 日

考える力をつけるためには、日本語を正しく使《つか》わなければなりません。そのためには、日本語のきそくを学びましょう。まずはいっしょに勉強《べんきょう》する友だちのしょうかいです。

左の三人のセリフの「どうする（どうした）」「何だ」にあたる部分《ぶぶん》を書きましょう。

今日からぼくは「論理《ろんり》エンジン」の勉強《べんきょう》をがんばります。

・カズマ

がんばります

わたしは、カズマの友だちの、リサです。

・リサ

リサです

ぼくは人間の言葉《ことば》を話す犬です。

・アズキ

犬です

●文の中心は述語《じゅつご》

上の問題《もんだい》の答えになっている部分《ぶぶん》を述語《じゅつご》といいます。文の意味《いみ》を理かいするとき、いちばん重要《じゅうよう》なのは述語《じゅつご》です。カズマくんの文では「がんばります」が全体《ぜんたい》の意味《いみ》の中心になります。

述語《じゅつご》には次《つぎ》のような形があります。

・どうする（どうした）　→鳥がいっせいにとび立った。
・何だ　→わたしは小学三年生です。
・どんなだ　→この本は、とてもむずかしい。

次《つぎ》の文を読んで、問題《もんだい》に答えましょう。

ぼくは三年生になってから、毎朝走っている。
ぼくは何をしていますか。

走っている

お気に入りのこのくつは、まだ新しい。
くつはどんな様子《ようす》ですか。

新しい

ぼくの名前は「アズキ」です。
名前は何ですか。

「アズキ」です

「（ぼくは）どうした」「（くつは）どんなだ」「（名前は）何だ」と、文の意味《いみ》の中心が述語《じゅつご》になっていることがわかるね。

5 ｜ ＜＜＜ 答えは「別冊」の２ページに！　　　　4

くわしい考え方

子どもたちはなんとなく日本語を使い、なんとなく文章を読んでいると思います。それでは考える力を養成することなどできません。

「考える」とは、日本語を使って考えることで、そのためには日本語の使い方を徹底的に意識させることが必要です。

では、「どう考えるのか」というと、自己流に考えるのではなく、「論理的に考える」のです。それは言葉の規則に従って考えることを意味します。

そこで、まずは一文を規則に従って読み取るトレーニングから始めましょう。

言葉は並列的に並べてあるわけではありません。中心となる言葉（要点）と、それを説明する言葉とがあります。

一つの文において、中心になる言葉は述語です。まずその述語を意識させることが大切です。何となく文を読むのではなく、目の付け所をもって文を読むのです。

カズマ・リサ・犬のアズキのせりふを読んで、その中心となる言葉に着目させてください。

▶6～7ページの答え

ステップ1 ⇓ 一文の要点《ようてん》（2）

主語《しゅご》と述語《じゅつご》

学習した日　月　日

文の大切なところを「要点《ようてん》」といいます。文の要点《ようてん》を見つけるには、主語《しゅご》と述語《じゅつご》をさがします。この文の主語《しゅご》と述語《じゅつご》がわかりますか？

けいじ板《ばん》に、遠足のプリントがはってあります。

文の中の主語《しゅご》、述語《じゅつご》の関係《かんけい》をさがしましょう。

けいじ板に、遠足のプリントがはってあります。

述語《じゅつご》は「はってあります」ですね。はってあるのはプリントだから、主語《しゅご》は「プリントが」になります。

このように、述語《じゅつご》を見つけてから主語《しゅご》をさがしましょう。

主語《しゅご》には次《つぎ》のような形があります。

主語《しゅご》　・何が（は）　・だれが（は）

この文の主語《しゅご》と述語《じゅつご》をつないで文にしましょう。

プリントがはってあります。

論理ポイント

「何が、どうした」のような主語《しゅご》と述語《じゅつご》がわかると、その文の要点《ようてん》がわかります。

この文の中心は「プリントがはってあります」ということです。

そこに「どこに？」「けいじ板《ばん》に」「何の？」「遠足の」と、くわしくなっているのです。（言葉《ことば》のつながりはステップ2で学習《がくしゅう》します）

文にはかならず要点《ようてん》があります。算数、社会、理科の問《もん》題《だい》文を読むときも同じです。文の要点《ようてん》をつかめないと、どんな文章《ぶんしょう》も正しく読むことができません。

まずは、文の要点《ようてん》を見つけることから、正しい日本語を身《み》につける学習《がくしゅう》を始《はじ》めましょう。

次《つぎ》の文を「何が（は）、どうした・何だ・どんなだ」の形にまとめましょう。

① クジラは海にすんでいますが、人間と同じほにゅうるいです。

クジラはほにゅうるいです。

② 花だんには、赤やピンクなど、色とりどりの花がたくさんさいています。

花がさいています。

くわしい考え方

一文とは、文の冒頭から句点（。）までのことで、どんな難解な文章でもこの一文の集まりにすぎません。国語の設問でも傍線部はほとんどが一文です。

一文の要点は主語と述語です。その他は説明の言葉にすぎません。この主語と述語を読み取るトレーニングをすることで、複雑な文でも正確に意味をつかむことができるし、逆に、主語と述語の関係が明確な、正確な文を書くこともできるようになります。

論理力を身につけるためには、規則に従って言葉を扱うことが大切です。ここでは必ず述語から探させるようにしましょう。なぜなら、主語は省略されることが多いからです。

①「何だ」にあたるのが、「ほにゅうるいです」。それに対して、「何が」にあたるのが、「クジラ」。この一文の要点は「クジラはほにゅうるいです。」となります。

「海にすんでいますが」→「ほにゅうるいです」、「人間と同じ」→「ほにゅうるいです」と、それぞれ「ほにゅうるいです」を修飾して（詳しく説明して）います。

②「どうした」に当たるのが、「さいています」。それに対して、「何が」に当たるのが、「花が」です。

「花だんには」「赤やピンクなど」「たくさん」はそれぞれ「さいています」、「色とりどりの」は「花」と、それぞれ主語と述語を説明しています。ここからも、一文の要点が主語と述語だとわかります。

▶８～９ページの答え

ステップ１ ⇓一文の要点《ようてん》（３）

要点《ようてん》になる言葉《ことば》

学習した日　月　日

この文の要点《ようてん》を書きましょう。

ぼくは、家に帰ってすぐに国語と算数の宿題《しゅくだい》をしました。

さっきと同じようにすればいいんだな。

「ぼくはしました。」だね。かんたん、かんたん。

うーん、それだけでは何のことかわからないよ…。

ぼくは、家に帰ってすぐに国語と算数の宿題《しゅくだい》をしました。

ぼくは　しました。　↓文の中心

主語《しゅご》と述語《じゅつご》をつなぐと、文の中心がわかります。しかし、これだけでは意味《いみ》がわからないことがあります。文の中心を見つけたら、意味《いみ》がわかる文になるように、言葉《ことば》をつけたしましょう。述語《じゅつご》は「しました」ですね。何をしたのでしょう。

ぼくは（ **宿題を** ）しました。

これで、意味《いみ》がわかる文になりました。

論理ポイント

まず述語《じゅつご》→主語《しゅご》の順に見つけて、次《つぎ》に意味《いみ》が通じるように「どこに」「何を」などの言葉《ことば》をつけたしましょう。

意味《いみ》がわかる文にするには、「しました。」「何を？」「宿題《しゅくだい》を」と、述語《じゅつご》から考えて言葉《ことば》をつけたすのね。

次《つぎ》の文の要点《ようてん》をまとめます。それぞれの手順《てじゅん》にそって、言葉《ことば》を書きましょう。

妹は、おばあちゃんにたのんで、24色のクレヨンを買ってもらった。

① 述語《じゅつご》は何ですか。　**買ってもらった**

② 主語《しゅご》は何ですか。　**妹は**

③ 述語《じゅつご》から考えて、意味《いみ》が通じるように言葉《ことば》をつけたして、文の要点《ようてん》を書きましょう。

妹は、クレヨンを買ってもらった。

⬅くわしい考え方⬅

「主語」「述語」と言っても、国語学者のあいだでも様々な説があります。でも、それは文法的な話であって、論理の話ではありません。論理エンジンは論理力を養成することが目的であり、そのためには文章の要点に着目することが大切なのです。その要点を見分ける方法として、主語と述語という考え方をしています。だから、主語とは何かなど、文法的にこだわる必要はありません。

一文の要点は主語と述語だけとは限りません。そこで、どの言葉を加えれば意味の分かる一文になるのか、それを考えることが、言葉を意識して文章を読む第一歩となるのです。文法的に考えるというよりも、一文には要点と飾りがあることを意識するための、論理力のトレーニングです。

「妹は買ってもらった」では、意味が通じません。そこで、「クレヨンを」が要点となる言葉だと分かります。このように要点となる言葉は、意味から考えます。

「おばあちゃんにたのんで」→「買ってもらった」

「24色の」→「クレヨンを」→「買ってもらった」

とつながります。

▶10～11ページの答え

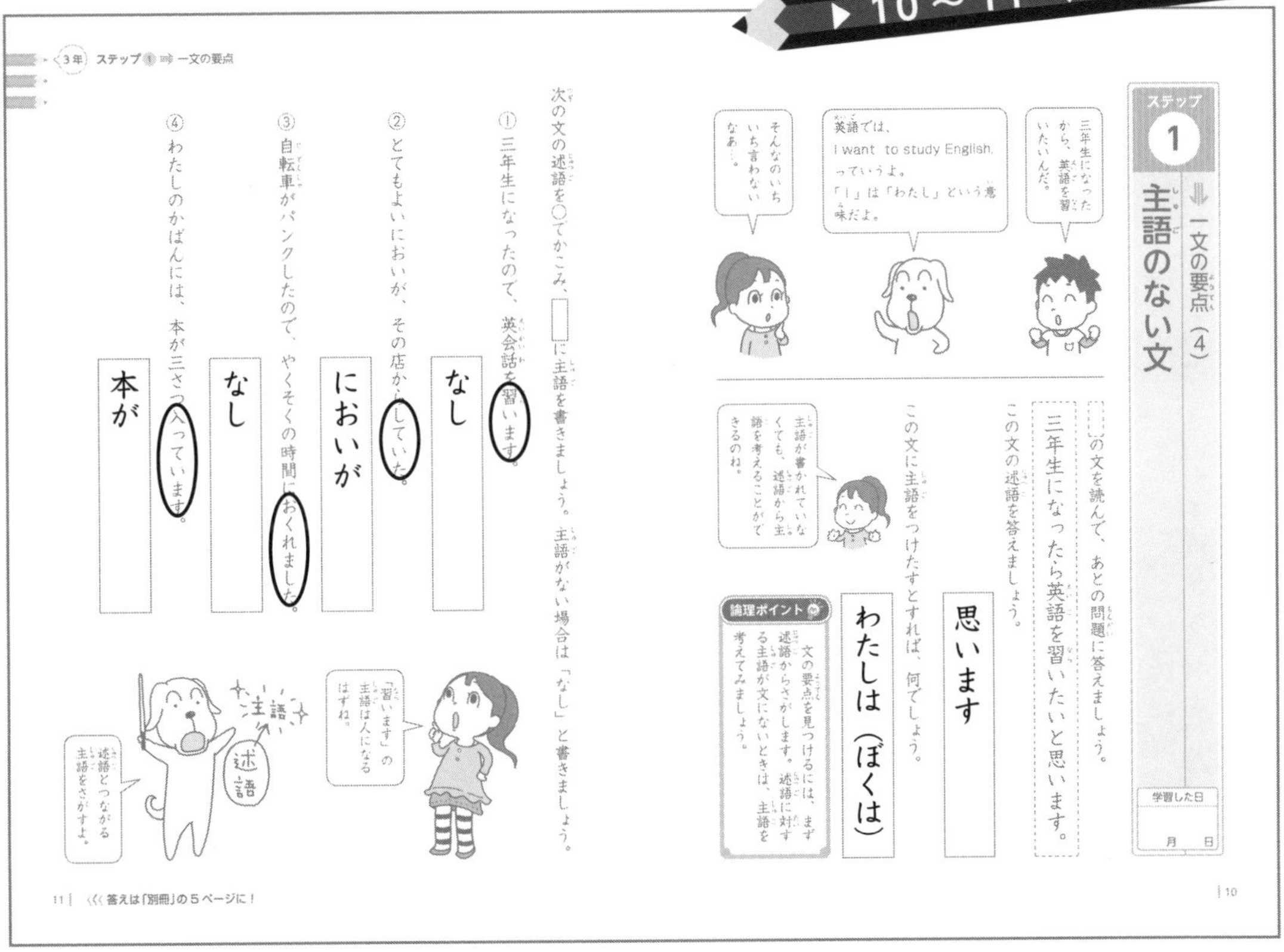

ステップ 1 一文の要点《ようてん》（4）

主語《しゅご》のない文

□の文を読んで、あとの問題《もんだい》に答えましょう。

三年生になったら英語《えいご》を習《なら》いたいと思います。

この文の述語《じゅつご》を答えましょう。

思います

この文に主語《しゅご》をつけたすとすれば、何でしょう。

わたしは（ぼくは）

論理ポイント

文の要点《ようてん》を見つけるには、まず述語《じゅつご》からさがします。述語《じゅつご》に対《たい》する主語《しゅご》が文にないときは、主語《しゅご》を考えてみましょう。

学習した日　月　日

10

3年 ステップ1 一文の要点

次《つぎ》の文の述語《じゅつご》を○でかこみ、□に主語《しゅご》を書きましょう。主語《しゅご》がない場合は「なし」と書きましょう。

① 三年生になったので、英会話《えいかいわ》を（習《なら》います）。　なし

② とてもよいにおいが、その店から（していた）。　においが

③ 自転車《じてんしゃ》がパンクしたので、やくそくの時間に（おくれました）。　なし

④ わたしのかばんには、本が三さつ（入っています）。　本が

11　答えは「別冊」の５ページに！

くわしい考え方

主語と述語は、必ず述語から考えます。なぜなら、主語は省略されることが多いからです。英語は逆に主語を省略することは原則としてありません。主語を省略したなら、命令文となります。

英語は「I＝私」を重要視する言葉です。それに対して、日本語では特に「私」「僕」はなるべく省略しようとします。

①「習います」の主語は省略されています。
「三年になったので」→「習います」

「英会話を」→「習います」

とつながります。

②「していた」のは「においが」なので、主語は「においが」。
「とても」→「よい」、「よい」→「においが」、「その店から」→「していた」

とつながります。

③「おくれました」の主語は省略されています。
「自転車が」→「パンクしたので」、「やくそくの」→「時間に」→「おくれました」、

「パンクしたので」→「おくれました」

とつながります。

④「入っています」のは「本が」なので、主語は「本が」。
「わたしの」→「かばんには」、「かばんには」→「入っています」、「三さつ」→「入っています」

とつながります。

▶12～13ページの答え

ステップ 1 ➡ 一文の要点《ようてん》（5）

要点《ようてん》をまとめよう

学習した日　月　日

1 次《つぎ》の文の要点《ようてん》をまとめます。□にあてはまる言葉《ことば》を書《か》きましょう。

おなかがすいていたねこは、全力《ぜんりょく》でねずみを追《お》いかけました。

① まずは述語《じゅつご》を考《かんが》えましょう。

追いかけました

② 主語《しゅご》を書《か》きましょう。

ねこは

③ 述語《じゅつご》から考《かんが》えて意味《いみ》が通《つう》じるように、言葉《ことば》をつけたして文の要点《ようてん》を書《か》きましょう。

ねこは、ねずみを追いかけました。

2 次《つぎ》の文の要点《ようてん》をまとめます。□にあてはまる言葉《ことば》を書《か》きましょう。

お母《かあ》さんにたのまれてパン屋《や》さんにお使《つか》いに行くとちゅう、さいふを落《お》としてしまった。

① まずは述語《じゅつご》を考《かんが》えましょう。

落としてしまった

② 主語《しゅご》を書《か》きましょう。主語《しゅご》がない場合は「なし」と書《か》きましょう。

なし

③ 意味《いみ》が通《つう》じる文になるように、言葉《ことば》をつけたして、この文の要点《ようてん》を書《か》きましょう。主語《しゅご》がない場合は、あてはまる主語《しゅご》を考《かんが》えて書《か》きましょう。

（れい）わたしは、さいふを落としてしまった。

くわしい考え方

「一文の要点」の、総復習です。一文の要点をつかまえることは、文章の読み方を漠然とした感覚に頼ったものから、論理を意識した客観的なものへと変えていきます。

さらに正確な一文を書くことは、将来英語や古文の正確な現代語訳を書くことにもつながるし、国語の記述力を養成することにもなります。

しかし、いちばん大切なことは、論理を意識した頭の使い方に習熟することです。私たちは言語を使わずに、何事も学習することはできません。それゆえ、脳細胞の若いときに言語トレーニングを積むことで、あらゆる学習の土台を作ると同時に、考える力を養成します。

■問題1

言葉の規則を意識しましょう。その場その場で答えを考えるのではなく、①「述語を考える」→②「主語を考える」→③「言葉をつけ足す」といった順番を徹底的に意識しましょう。

■問題2

この一文の要点は「わたしはさいふを落としてしまった」で、それに対して、「どこで」という情報をつけ加えています。その「どこで」に当たるのが、「お母さんにたのまれてパン屋さんにお使いに行くとちゅう」です。

▶14～15ページの答え

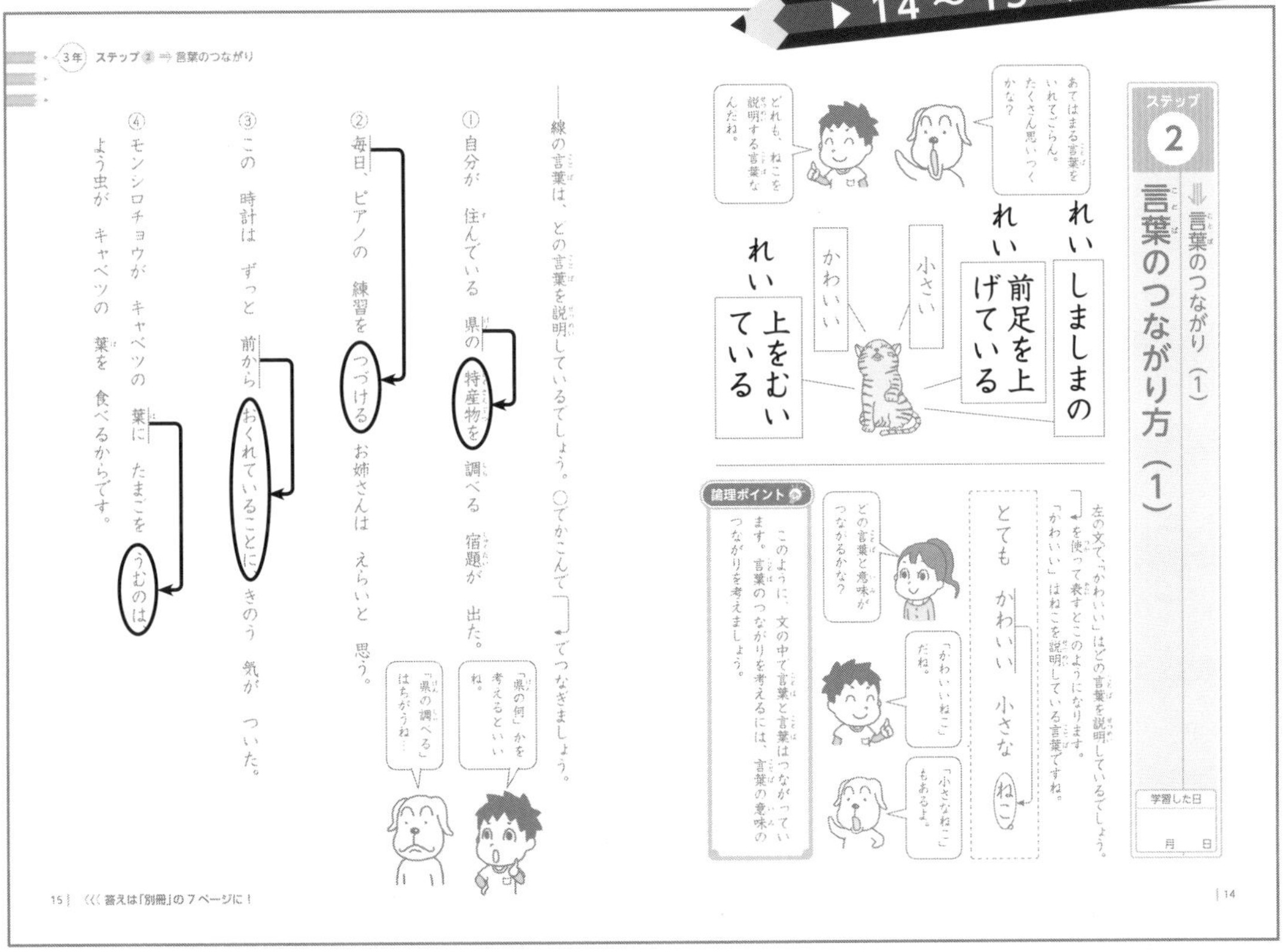
ステップ 2

言葉のつながり方（1）

⇓言葉のつながり（1）

学習した日　月　日

あてはまる言葉をいれてごらん。たくさん思いつくかな？
どれも、ねこを説明する言葉なんだね。
れい　しましまの
れい　前足を上げている
小さい
かわいい
れい　上をむいている

左の文で、「かわいい」はどの言葉を説明しているでしょう。

→を使って表すとこのようになります。

「かわいい」はねこを説明している言葉ですね。

とても　かわいい　小さな　ねこ。

どの言葉と意味がつながるかな？
「かわいいねこ」だね。
「小さなねこ」もあるよ。

論理ポイント

このように、文の中で言葉と言葉はつながっています。言葉のつながりを考えるには、言葉の意味のつながりを考えましょう。

14

――線の言葉は、どの言葉を説明しているでしょう。○でかこんで→でつなぎましょう。

① 自分が　住んでいる　県の　特産物を　調べる　宿題が　出た。

② 毎日、ピアノの　練習を　つづける　お姉さんは　えらいと　思う。

③ この　時計は　ずっと　前から　おくれていることに　きのう　気が　ついた。

④ モンシロチョウが　キャベツの　葉に　たまごを　うむのは　よう虫が　キャベツの　葉を　食べるからです。

「県の何」かを考えるといいね。
「県の調べる」はちがうね…

15　〈〈〈答えは「別冊」の７ページに！

くわしい考え方

すべての言葉は他の言葉とつながっています。そのつながりは意味上のつながりです。このことは英語においても古文においても変わりません。

それゆえ、言葉の意味は他の言葉とのつながりで決定されます。

言葉がどの言葉とつながっているのか、それを一つ一つ丁寧に確認させてください。そのことで言葉の役割が次第にはっきりと分かってきます。

① 「宿題が出た。」が、一文の要点。「県の→特産物」とつながります。

② 「(私は) えらいと思う。」が、一文の要点。「毎日」どうしたのかを考えると、「毎日→つづける」とわかります。

③ 「前から」どうしているのかを考えると、「前から→おくれている」とわかります。

④ 「葉に」どうしたのかを考えると、「葉に→うむ」とわかります。

▶16～17ページの答え

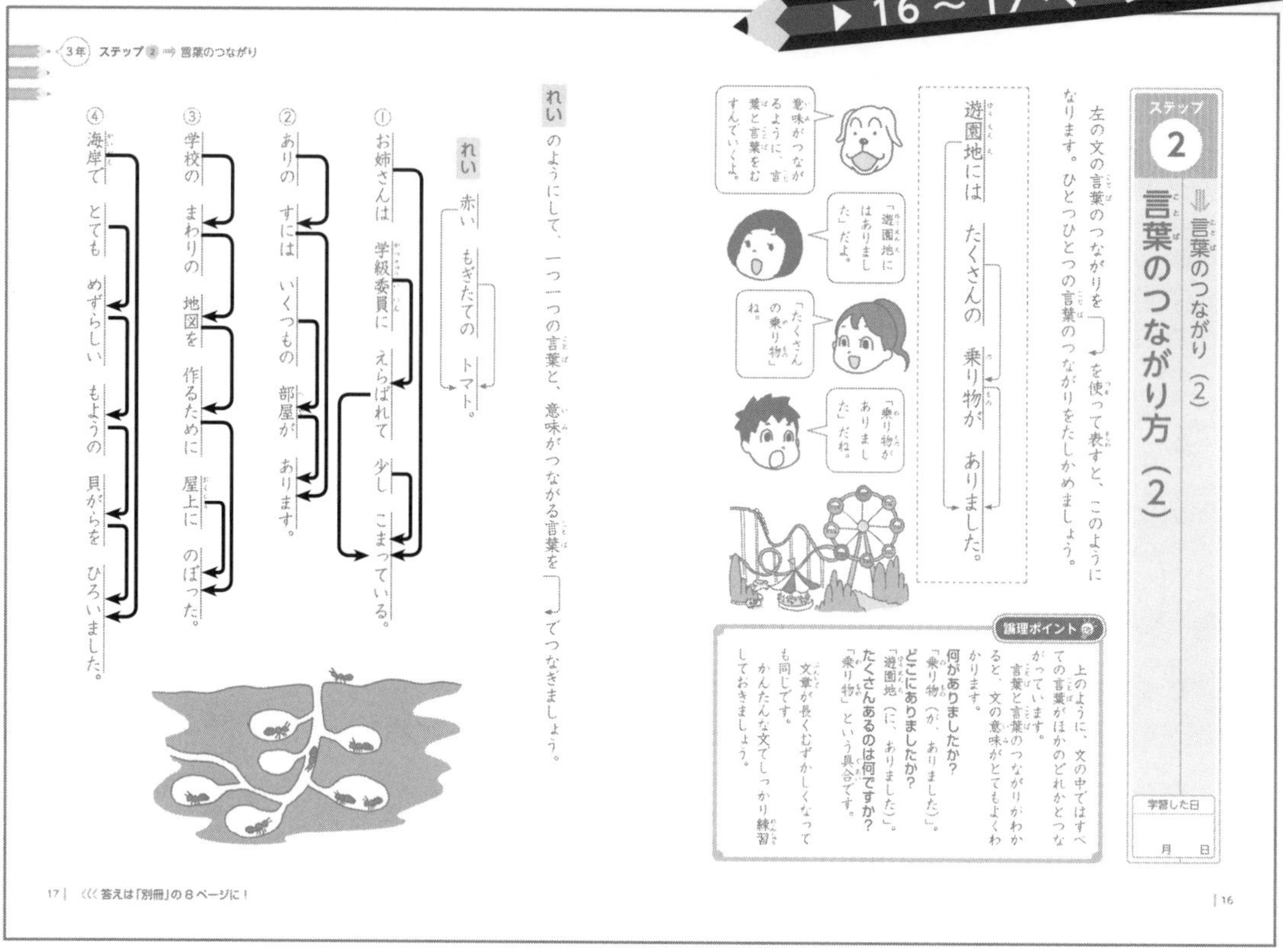
ステップ 2 ⇓言葉《ことば》のつながり（2）

言葉《ことば》のつながり方（2）

学習した日　月　日

左の文の言葉《ことば》のつながりを ┐→ を使《つか》って表《あらわ》すと、このようになります。ひとつひとつの言葉《ことば》のつながりをたしかめましょう。

遊園地《ゆうえんち》には　たくさんの　乗《の》り物《もの》が　ありました。

論理ポイント

上のように、文の中ではすべての言葉《ことば》がほかのどれかとつながっています。

言葉《ことば》と言葉《ことば》のつながりがわかると、文の意味《いみ》がとてもよくわかります。

何がありましたか？
「乗《の》り物《もの》（が、ありました）」。

どこにありましたか？
「遊園地《ゆうえんち》（に、ありました）」。

たくさんあるのは何ですか？
「乗《の》り物《もの》」という具合《ぐあい》です。

文章《ぶんしょう》が長くむずかしくなっても同じです。

かんたんな文でしっかり練習《れんしゅう》しておきましょう。

16

3年　ステップ2 ⇒ 言葉のつながり

れい のようにして、一つ一つの言葉《ことば》と、意味《いみ》がつながる言葉《ことば》を ┐→ でつなぎましょう。

れい　赤い　もぎたての　トマト。

① お姉さんは　学級委員《がっきゅういいん》に　えらばれて　少し　こまっている。

② ありの　すには　いくつもの　部屋が　あります。

③ 学校の　まわりの　地図を　作るために　屋上《おくじょう》に　のぼった。

④ 海岸《かいがん》で　とても　めずらしい　もようの　貝がらを　ひろいました。

17　<<< 答えは「別冊」の８ページに！

⬅くわしい考え方⬅

少しレベルアップです。今度はすべての言葉が他の言葉とつながっていることを、一つひとつ丁寧に確認させます。

将来、国語の空所問題を解くときにも、言葉のつながりから論理的に解決ができるようになるばかりでなく、未知の英単語や古語も言葉のつながりからその意味を推測することができるようになります。

①「お姉さんは↓こまっている」が、一文の要点。「主語と述語」も言葉のつながりの一つです。「学級委員に↓選ばれて」「選ばれて↓こまっている」「少し↓こまっている」と、それぞれつながります。

②「部屋が↓あります」が、一文の要点。「ありの↓すには」「すには↓あります」「いくつもの↓部屋が」「部屋が↓あります」とつながります。

③「（私は）のぼった」が、一文の要点。「学校の↓まわりの↓地図を↓作るために」「作るために↓のぼった」「屋上に↓のぼった」とつながります。

④「（私は）ひろいました」が、一文の要点。「海岸で↓ひろいました」「とても↓めずらしい↓もようの↓貝がらを↓ひろいました」とつながります。

ステップ 2 ⇒言葉のつながり(3)

文を図にしよう(1)

学習した日　月　日

あしたは遠足だね。
うん、動物園に行くんだね。
ねえ、ライオンもトラもネコのなかまなんだって。
じゃあ、その文を図にしてみよう。文の中の言葉は、どんなふうにつながっているかわかる?

ライオンもトラもネコのなかまです。

右の文の言葉のつながりを図に表します。□にあてはまる言葉を書きましょう。

ライオンも　トラも　ネコの　なかまです

この文がどのようになり立っているか、これでわかるわね。

3年　ステップ2 ⇒言葉のつながり

次の文をあとの図に表します。□にあてはまる言葉を書きましょう。

① この島には　三つの　港が　あります。

この島には　三つの　港が　あります。

「三つの港が」はつながっているよね…

② チョコレート味の　クッキーを　たくさん　やきました。

チョコレート味の　クッキーを　たくさん　やきました。

③ あの　大きな　たてものは　何ですか。

あの　大きな　たてものは　何ですか。

19　答えは「別冊」の9ページに!　18

くわしい考え方

「主語と述語の関係」「言葉のつながり」が分かってくると、実は一文も論理的にできあがっていることが分かってきます。一つ一つの言葉には意味上のつながりがあるからです。そこで、一文の構造図を作ってみます。

論理的であるならば、図式化することが可能なのです。

② 「(私は) やきました」が、一文の要点。「チョコレート味の→クッキーを」「クッキーを→やきました」「たくさん→やきました」とつながります。

③ 「たてものは何ですか」が、一文の要点。「あの→たてものは」「大きな→たてものは」「たてものは→何ですか」とつながります。

「あの→大きな→たてものは」とはつながらないことを、お子さんに考えさせてください。

▶ 20～21 ページの答え

ステップ 2

⇓ 言葉のつながり（4）

文を図にしよう（2）

学習した日　月　日

1 次の文をあとの図に表します。□にあてはまる言葉を書きましょう。

① お母さんは　きょうだい全員に　色ちがいの　手ぶくろを　あんでくれました。

お母さんは / きょうだい全員に / 色ちがいの → 手ぶくろを → あんでくれました。

② ここに　あなたの　名前を　書いて　しばらく　お待ちください。

ここに / あなたの → 名前を → 書いて / しばらく → お待ちください。

2 れいのように考えて、次の□にあてはまるような文を書いてみましょう。

れい　うら庭の　とり小屋に　二羽の　にわとりが　いる。

① れい　学校の　図書室に　校区の　地図が　はってある。

② れい　はとが　森の　高い　木に　とまっている。

②の問題は、いちばん上といちばん下の言葉がつながるから、いちばん上が主語、いちばん下が述語でもいいね。

⇦ くわしい考え方 ⇦

一文の構造図を完成させます。その上で、今度は「言葉のつながり」を考えて、自分で一文を作成させます。

■問題1

①まず主語「お母さんは」↓述語「あんでくれました」を決めます。

「きょうだい全員に」↓「あんでくれました」

「色ちがいの」↓「手ぶくろを」↓「あんでくれました」

とつながります。

②主語は「なし」で、述語は「お待ちください」です。

「ここに」↓「書いて」、「あなたの」↓「名前を」↓「書いて」、「しばらく」↓「お待ちください」

とつながります。

■問題2

上の解答例の他にも、左のような文を考えることができます。

①まずいちばん最後の空欄に述語を入れましょう。（例）咲いた。

一番上の空欄はすぐ下につながるので、（例）赤い↓花が

次に、二番目の空欄が最後の空欄とつながるようにします。（例）花が↓咲いた。

最後に述語につながる言葉を考えます。（例）学校の↓庭に↓咲いた。

②いちばん上の空欄に主語、いちばん下の空欄に述語を入れましょう。（例）私は↓歌った。

次に、上から二番目と三番目の空欄が、それぞれ四番目の空欄とつながるようにします。（例）□を↓開けて　大きく↓開けて

最後に、下から二番目の空所が述語につながるようにします。（例）開けて↓歌った

22～23ページの答え

ステップ 2

言葉《ことば》のつながり（5）

決《き》まった言い方

学習した日　月　日

左のように、言葉《ことば》には決《き》まった使《つか》い方をするものがあります。

もしも～ば（れば、たら）
「もしも雨がふれば、中止《ちゅうし》です」
※決《き》まっていないことを言うとき

たぶん～でしょう（だろう）
「たぶん明日は、雨だろう」
※予想《よそう》して言うとき

まったく～ない
「まったく雨《あめ》がふらない」
※強く打ち消すとき

次《つぎ》のページの練習問題《れんしゅうもんだい》で、このような決《き》まった使《つか》い方をする言葉《ことば》をおぼえておきましょう。

22

3年　ステップ2　⇒　言葉のつながり

カズマくんが、算数の問題《もんだい》にちょうせんしています。—線の言葉《ことば》とのむすびつきを考えて、（　）にあてはまる言葉《ことば》を下の□からえらんで記号《きごう》で答えましょう。

まさか、かんたんにできることはある（ア）。

ぼくの実力《じつりょく》ならば、（エ）できるだろう。

こんなにむずかしくては（キ）できない。

たとえできなく（ウ）、せいいっぱい考えよう。

たぶん、あっている（カ）。

まちがい。なぜ、計算の見直しをしないのです（イ）。

もう一息《ひといき》。あと少しがんばれ（ク）、できるようになるでしょう。

こんな問題《もんだい》がとけるようになるなんて、（オ）ゆめのようだ。

ア　まい　イ　か
ウ　ても　エ　きっと
オ　まるで　カ　だろう
キ　とても　ク　ば

23　答えは「別冊」の11ページに！

くわしい考え方

言葉にはそのつながりが決まっているものがあります。「なぜなら～だから」「けっして～ない」などがそれで、文法的には「呼応関係」と呼ばれるものです。このつながりを知らないと答えることができないので、今のうちにしっかりと正しい日本語の使い方を身につけましょう。

いくつか例を考えさせてみてください。参考までに例を挙げます。

「まさか～まい」　まさか本当ではあるまい。
「きっと～だろう」　きっと勝てるだろう。
「とても～ない」　とてもがまんできない。
「たとえ～ても」　たとえ勝てなくても、あきらめるな。
「たぶん～だろう」　明日はたぶん雨だろう。
「なぜ～か」　なぜもっとがんばらないのか。
「ば～でしょう」　勉強すれば、成績が上がるでしょう。
「まるで～ようだ」　まるでお人形さんのようだ。

▶ 24 ～ 25 ページの答え

ステップ 3 ⇒ 一文を作ろう（1）

ならべかえて文を作ろう

上の⬚にある言葉《ことば》をならべかえて、下の文を作りました。太い字の言葉《ことば》は形をかえて使《つか》います。
また、「わたしは」の「は」や、「本を」の「を」などをつけたして書きます。

しました
金魚すくい
お祭《まつ》り
行く

太い字になっている言葉《ことば》は、形をかえるよ。

意味《いみ》がつながる言葉《ことば》をえらんで、文にしていこう。「お祭《まつ》り」↓「行く」、「金魚すくい」↓「しました」だね。

お祭《まつ》りに**行って**、金魚すくい**を**しました。

「行く」を「行って」に形をかえたのね。

「金魚すくい」と「しました」をつなぐのは「を」だね。

学習した日　月　日

右のページのようにして、文を作りましょう。太い字の言葉《ことば》は形をかえて使《つか》います。
言葉《ことば》と言葉《ことば》をつなぐ「は」や「が」なども考えて書きましょう。

① とても　ひまわり　なった　**大きい**

ひまわりがとても大きくなった。

② ジャム　食べた　パン　**ぬる**

パンにジャムをぬって食べた。

③ まだ　海　ことがない　ぼく　**泳《およ》ぐ**

ぼくはまだ海で泳いだことがない。

くわしい考え方

正確な文章を書けるようにするためには、まず正確な一文を書くトレーニングから始めます。そのためには、「主語と述語の関係」、「言葉のつながり」などを意識しましょう。さらに助動詞・助詞の正しい使い方もチェックしましょう。

①まず述語を考えます。「なった」が述語ですが、どうなったのかを補わないといけません。そこで、「大きい」→「なった」となるのですが、「大きい」を変形して、「大きくなった」とします。

次に主語を考えると「ひまわりが」。後は「とても」→「なった」という「言葉のつながり」を考えます。

②「ぬる」と「食べた」が述語になる言葉ですが、「ぬる」が太字なので、「ぬって食べた」と変形します。あとは、「パンに」→「ぬって」、「ジャムを」→「ぬって」と、言葉のつながりを考えます。「パンに」「ジャムを」の語順はどちらが先でもかまいません。

③述語は「ことがない」と「泳ぐ」ですが、「泳ぐ」が太字なので、「泳いだことがない」と変形します。

次に「泳ぐ」の主語を考えると、「ぼくは」。「ぼくは泳いだことがない」が文の要点なので、あとは「まだ」→「ない」、「海で」→「泳いだ」と、言葉のつながりを考えます。「まだ」「海で」の語順はどちらが先でもかまいません。

このように「主語と述語の関係」「言葉のつながり」「助動詞と助詞の使い方」など、今まで学習したことを使って正確な一文を作成します。

さらに、いつも決まった手順で問題を解くということが、論理的な頭の使い方をするためには大切です。

▶26～27ページの答え

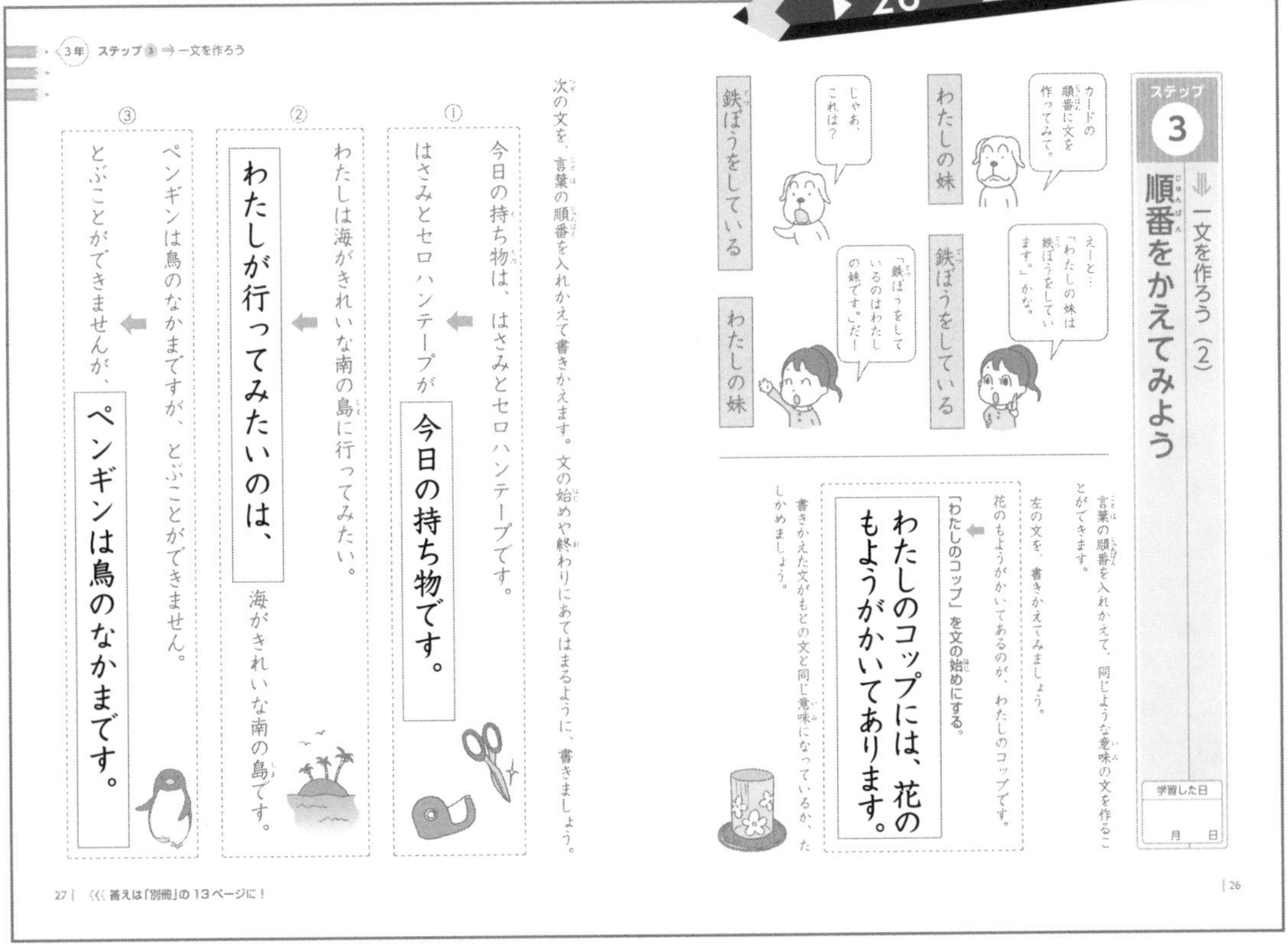

ステップ 3 ⇓一文を作ろう（2）

順番《じゅんばん》をかえてみよう

学習した日　月　日

言葉《ことば》の順番《じゅんばん》を入れかえて、同じような意味《いみ》の文を作ることができます。

左の文を、書きかえてみましょう。

花のもようがかいてあるのが、わたしのコップです。

⇐「わたしのコップ」を文の始《はじ》めにする。

わたしのコップには、花のもようがかいてあります。

書きかえた文がもとの文と同じ意味《いみ》になっているか、たしかめましょう。

26

3年 ステップ3 ⇒一文を作ろう

次の文を、言葉《ことば》の順番《じゅんばん》を入れかえて書きかえます。文の始《はじ》めや終《お》わりにあてはまるように、書きましょう。

①
今日の持ち物は、はさみとセロハンテープです。

⇐ はさみとセロハンテープが **今日の持ち物です。**

②
わたしは海がきれいな南の島に行ってみたい。

⇐ **わたしが行ってみたいのは、** 海がきれいな南の島です。

③
ペンギンは鳥のなかまですが、とぶことができません。

⇐ とぶことができませんが、**ペンギンは鳥のなかまです。**

27　〈〈〈 答えは「別冊」の13ページに！

くわしい考え方

一文を変形する問題です。これは言葉の規則に従って、正確な一文を作成するトレーニングであると同時に、記述問題などで、字数条件のもとに様々な記述解を書くためのトレーニングでもあるのです。

主語が変われば、それに応じて述語も変わります。「主語と述語の関係」を理解しているかどうかがポイントです。実際に、大学受験生になっても、主語と述語がねじれた文章を書いて平然としている人がいかに多いことか。小学校低学年から、言葉の規則に従った正確な文章を書くトレーニングをいかに積んでこなかったか、ここに出てしまいます。

①「はさみとセロハンテープが」の述語になるように、「今日の持ち物は」を変形しましょう。

「はさみとセロハンテープが」→「今日の持ち物です。」となります。この時、助動詞と助詞の使い方が身についていなければなりません。

②今度は「海がきれいな南の島です」という述語に対応するように、「わたしは～行ってみたい」を変形します。

「私が行ってみたいのは」と、ここでも助詞の使い方に気をつけましょう。

③「ペンギンは鳥のなかまです」と、「とぶことができません」は、逆接の関係ですから、どちらが先に来ようと、逆接の接続助詞「が」を使います。

28～29ページの答え

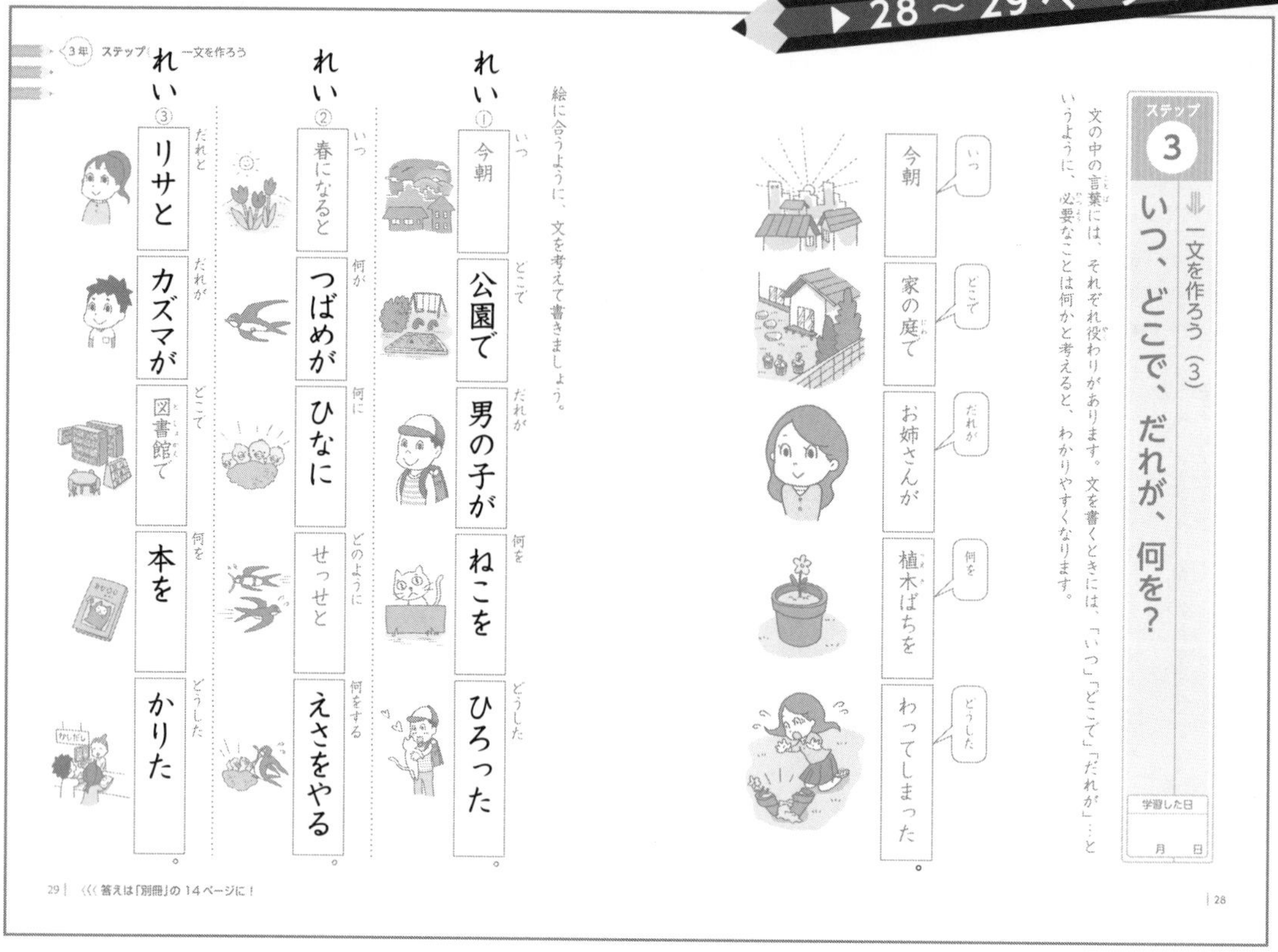

ステップ 3 一文を作ろう (3)

いつ、どこで、だれが、何を？

学習した日　月　日

文の中の言葉《ことば》には、それぞれ役《やく》わりがあります。文を書くときには、「いつ」「どこで」「だれが」…というように、必要《ひつよう》なことは何かと考えると、わかりやすくなります。

いつ：今朝
どこで：家の庭《にわ》で
だれが：お姉さんが
何を：植木《うえき》ばちを
どうした：わってしまった。

28

3年 ステップ 一文を作ろう

絵に合うように、文を考えて書きましょう。

れい① いつ：今朝　どこで：公園で　だれが：男の子が　何を：ねこを　どうした：ひろった。

れい② いつ：春になると　何が：つばめが　何に：ひなに　どのように：せっせと　何をする：えさをやる。

れい③ だれと：リサと　だれが：カズマが　どこで：図書館《としょかん》で　何を：本を　どうした：かりた。

29　<<< 答えは「別冊」の14ページに！

くわしい考え方

言葉には一つひとつに一文の中の役割があります。「言葉のつながり」がわかったなら、今度は「言葉の役割」を意識しましょう。

そうすることで、何となくといった曖昧（あいまい）な読み方から論理的な読み方へと、徐々に変えていきましょう。

①「男の子が－拾った」が、主語と述語。何を拾ったのかを補わないと、意味が分かりませんから、「男の子がねこを拾った」となります。

あとは、「いつ」→「ひろった」、「どこで」→「ひろった」と、言葉をつなげましょう。

②「つばめが－えさをやる」が、主語と述語。何にえさをやったのかが分からないので、「つばめがひなにえさをやる」と、言葉を補います。「春になると」→「えさをやる」、「せっせと」→「えさをやる」と、言葉をつなげましょう。

③「リサとカズマが」が主語。それに対して、「かりた」が述語。何を借りたかが分からないので、「本をかりた」と言葉を補います。

あとは、「図書館で」→「かりた」と、言葉を補います。

もちろん「いつ」「どこで」などの条件にあてはまっていれば、解答例以外の言葉でも正解です。

30～31ページの答え

ステップ 3 一文を作ろう（4）

言葉《ことば》の使《つか》い分け

学習した日　月　日

上の絵を、下の言葉《ことば》を使《つか》って文にします。れいのように、ふさわしい言葉《ことば》を考えて書きましょう。

教える　教わる

れい　先生がみんなに算数を教える。

れい　みんなが先生から算数を教わる。

① うむ　うまれる

にわとりがたまごをうむ。

たまごがにわとりからうまれる。

② とける　とかす

日光にあたって雪だるまがとける。

日光が雪だるまをとかす。

③ とばす　とぶ

紙ひこうきを遠くにとばす。

紙ひこうきが遠くまでとぶ。

④ 消《け》す　消《き》える

水をかけてたき火を消す。

水をかけるとたき火が消える。

⑤ 集《あつ》める　集《あつ》まる

先生がみんなを集める。

先生のまわりにみんなが集まる。

⑥ 入る　入れる

犬が犬小屋に入る。

犬を犬小屋に入れる。

※答えのれいです。

くわしい考え方

主語が変わると、それに応じて述語が変わります。その時、どのような助詞の使い方をしたらいいのか、意識しましょう。

たった一つの文でも、正確な文を書くためには、主語と述語、助詞や助動詞の使い方などがいかに大切なのか、問題を解くことを通して十分理解させてください。

①うむ　「うむ」の主語は「にわとりが」。「何を」に当たる「たまごを」を補います。

うまれる　「うまれる」の主語は「たまごが」。「どこから」に当たる「にわとりから」を補います。

②とける　「とける」の主語は「雪だるまが」。「日光にあたって」→「とける」と、「言葉のつながり」を考えましょう。「日光」は「太陽」などということもできます。

とかす　「何が」「何を」とかすかを考えます。

③とばす　「とばす」の主語は「私が」で、省略できます。「何を」に当たる「紙ひこうきを」を補います。（「遠くに」はなくてもかまいません）

とぶ　「とぶ」の主語は「紙ひこうきが」。（「遠くまで」はなくてもかまいません）

④消す　「消す」の主語は「私が」で、省略できます。「何を」にあたる「たき火」を補います。絵を見ると、「バケツの水」でたき火を消していることが分かります。

消える　「消える」の主語は「たき火が」です。あとはどうしてたき火が消えたのかを加えます。「水で」「水をかけたら」でも、かまいません。

⑤集める　「集める」の主語は「先生が」。「だれを」に当たる「みんな」を補います。

集まる　「集まる」の主語は「みんな」。「どこに」集まるかを考えましょう。

⑥入る　「入る」の主語は「犬が」。「どこに」に当たる「犬小屋」を補いましょう。

入れる　「入れる」の主語は「私が」で、省略できます。「何を」に当たる「犬を」、「どこに」に当たる「犬小屋に」を補いましょう。

▶32～33ページの答え

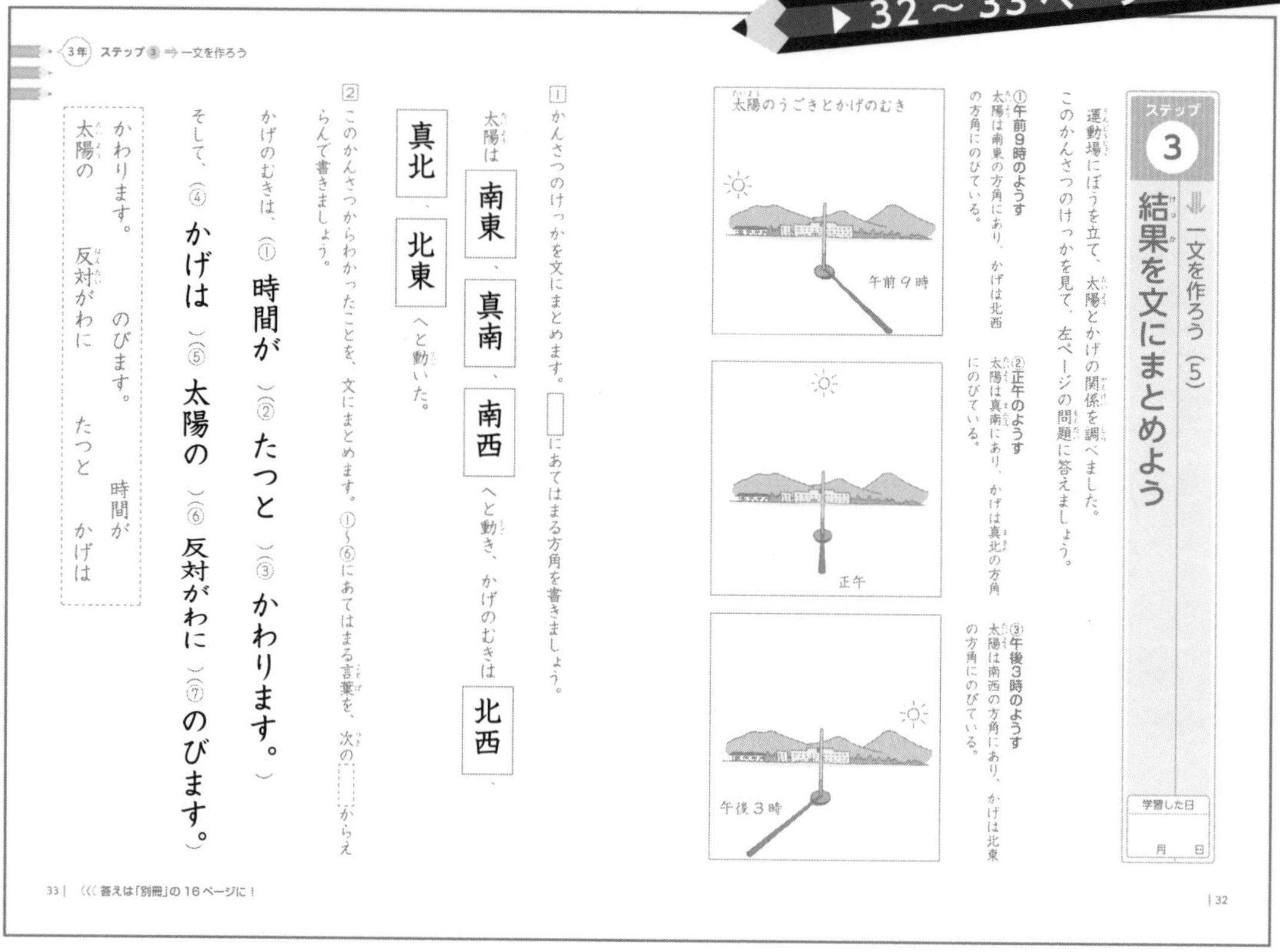

ステップ 3 ⇓ 一文を作ろう（5）

結果《けっか》を文にまとめよう

運動場《うんどうじょう》にぼうを立て、太陽《たいよう》とかげの関係《かんけい》を調《しら》べました。

このかんさつのけっかを見て、左ページの問題《もんだい》に答《こた》えましょう。

①午前9時のようす
太陽《たいよう》は南東の方角にあり、かげは北西の方角にのびている。

②正午のようす
太陽《たいよう》は真南《まみなみ》にあり、かげは真北《まきた》の方角にのびている。

③午後3時のようす
太陽《たいよう》は南西の方角にあり、かげは北東の方角にのびている。

太陽《たいよう》のうごきとかげのむき
午前９時
正午
午後３時

学習した日　月　日

32

3年 ステップ3 ⇒ 一文を作ろう

1 かんさつのけっかを文にまとめます。□にあてはまる方角を書きましょう。

太陽《たいよう》は **南東**、**真南**、**南西** へと動《うご》き、かげのむきは **北西**、**真北**、**北東** へと動《うご》いた。

2 このかんさつからわかったことを、文にまとめます。①～⑥にあてはまる言葉《ことば》を、次《つぎ》の□からえらんで書きましょう。

かげのむきは、（①**時間が**）（②**たつと**）（③**かわります。**）
そして、（④**かげは**）（⑤**太陽の**）（⑥**反対がわに**）（⑦**のびます。**）

かわります。　のびます。　時間が
太陽《たいよう》の　反対《はんたい》がわに　たつと　かげは

33 ＜＜＜ 答えは「別冊」の16ページに！

くわしい考え方

論理力はすべての教科の土台です。論理エンジンは国語を論理的に解くだけでなく、すべての教科の学力をアップさせます。今回は、そのためのトレーニングの一つで、理科の問題です。

どの教科も日本語で書かれた文章を読み取り、最終的には日本語で表現しなければなりません。そのためには、日本語を正確に使いこなさなければならないのです。

①②③の観察結果の共通点を考えます。これは後に学習するA'（具体）→A（一般）といった論理的な頭の使い方です。

■問題1
太陽の動きと、それに対するかげのむきを、三つの観察結果から調べます。

■問題2
三つの観察結果の共通点は、かげが太陽と反対側に伸びることです。

そのことを頭に置いて、文を作成しましょう。

選択肢を見ると、「かわります。」「のびます。」と、「。」が付いた語句が二つあるので、二つの文に分けて書かなければならないことが分かります。

「かげのむき」にたいする述語は、「むきがのびます。」とはいわないので、「かわります。」（③の答）
①、②は「時間が―たつと」。
次の文の主語と述語は、「かげは―のびます」で、これが④と⑦の答え。
⑤は直後の「反対がわに」とのつながりから、「太陽の」が答え。

▶34～35ページの答え

ステップ4 ⇒正しい文（1）

読点《とうてん》のいち

学習した日　月　日

おもしろい物語《ものがたり》の感想文《かんそうぶん》を書いたよ。
そんなにおもしろいお話なの？
え？おもしろいのは、お話ではなくて、わたしが書いた感想文《かんそうぶん》！

1 おもしろいのは物語《ものがたり》になるように、「、」をうちましょう。

おもしろい　物語《ものがたり》の、感想文《かんそうぶん》を　書いた。

2 おもしろいのは感想文《かんそうぶん》になるように、「、」をうちましょう。

おもしろい、物語《ものがたり》の　感想文《かんそうぶん》を　書いた。

論理ポイント

読点《とうてん》のいちによって、文の意味《いみ》がちがってくることがあります。文を読むときも書くときも、読点《とうてん》のいちに気をつけましょう。

3 絵に合うように、文に一か所か、二か所「、」をうちましょう。

①わたしは、妹と　母に　大きな、花もようの　バッグを　あげた。

②わたしは　妹と、母に　大きな　花もようの　バッグを　あげた。

③わたしは　妹と、母に　大きな、花もようの　バッグを　あげた。

くわしい考え方

誤文訂正問題です。誤文訂正問題は、「主語と述語の関係」「言葉のつながり」「助動詞・助詞の使い方」など、今まで学習したことの総復習としても効果的です。単純に同じ問題を繰り返すのではなく、同じ規則を使って様々な問題を解く方が、論理力を養成するのに適しています。

誤文とは、どこかで規則違反をした文のことです。その規則を発見し、修正することで、より規則を意識して文章を扱うことができるようになります。

また記述式の解答や作文など、自分で見直すときにも、誤文訂正の能力は大いに威力を発揮します。

今まで学習したことを実践の場で生かせるように、様々な問題を解いていきましょう。

読点の打ち方にも、規則があります。基本的には、読点を打てばそこで切れるということですから、すぐ下につながることはありません。

■問題3

①「大きな」は、すぐ下の「花もようの」ではなく、「バッグ」につながりますから、読点が必要です。

②「わたしと妹」が母にバッグをあげたので、「妹と」の下に読点が必要です。「大きな花もようのバッグ」なので、読点は必要ありません。

③「わたしと妹」がバッグをあげたので、「妹と」の下に読点が必要です。「大きな」はすぐ下の「花もようの」ではなく、「バッグを」につながっているので、「大きな」の下に読点が必要です。

ステップ 4

正しい文にしよう（1）

⥥正しい文（2）

学習した日　月　日

買ってもらっちゃった！わたしの人形。

同じの買ってもらっちゃった！わたしは人形。

「わたしは人形」？？？

お姉さんと同じように人形を買ってもらったとわかるように、上のセリフを書きかえます。□にひらがなを一字書きましょう。

わたし［も］人形。

「わたしは人形」だと、自分が人形っていう意味《い み》になっちゃうんだ！

「お姉さんは本、わたしは人形」というときは、「わたしは」を使《つか》うよ。

36

3年　ステップ4 ⇒ 正しい文

次《つぎ》の文章《ぶんしょう》の「は」「が」「を」などには、まちがった使《つか》い方のものがあります。まちがっているものに×をつけて、正しく書きましょう。

はじめて二十五メートル泳《およ》ぎ切ったこの日から、わたし✕の水泳《すいえい》もうとっくんが始《はじ》まった。

夏休みは、毎日プールに通った。はじめのころ✕は、二十五メートル泳《およ》げる日もあれば、泳《およ》げない日もあったけれど、だんだん泳《およ》ぎ切れる回数✕がふえてきた。

夏休み明けにはじゅぎょう✕で二十五メートル泳《およ》ぐテストがある。泳《およ》ぎ切れたときの感動《かんどう》とたっせい感《かん》をわすれないようにして、夏休み✕が終《お》わる日まで、毎日練習《れんしゅう》をつづけた。

⬅くわしい考え方⬅

助詞の使い方のトレーニングです。自分の答案を見直したり、添削をしたりするときに必要な力です。

「わたしの」→「水泳」と、言葉のつながりを考えましょう。
「はじめのころは」→「～もあれば」とつながります。
「回数が」→「ふえてきた」と、主語と述語の関係です。
「じゅぎょうで」→「泳ぐ」とつながります。
「夏休みが」→「終わる」が、主語と述語の関係です。

このように正しい助詞の使い方ができるには、ステップ1～3で学習した言葉の規則が大切だと分かります。

▶38～39ページの答え

ステップ 4 ⇒正しい文(3)

正しい文にしよう(2)

学習した日 月 日

れいのようにして、まちがった文を正しい文に書きかえましょう。

れい お父さんに大きな魚がつり上げた。

⇐「つり上げた」はそのままにする。

お父さんは(が)大きな魚をつり上げた。

「お父さんにつり上げた」はおかしいね…。
「つり上げた」をそのままにするなら、「お父さんはつり上げた」にするのか。

① わたしが学校で習《なら》ったそろばんも苦手《にがて》だ。

⇐「苦手《にがて》だ」はそのままにする。

わたしは学校で習ったそろばんが 苦手《にがて》だ。

② わたしは友だちがテニスを習《なら》うらしい。

⇐「習《なら》うらしい」はそのままにする。

わたしの友だちは(が)テニスを 習《なら》うらしい。

そのままにする言葉《ことば》につながるようにするには、どこをかえればよいか考えてね。

③ お姉さんの夏休みの自由研究《じゆうけんきゅう》は、星のかんさつをする。

⇐「かんさつをする」はそのままにする。

お姉さんは夏休みの自由研究に星の かんさつをする。

④ わたしは図書委員《としょいいん》の役《やく》わりは学級文庫《がっきゅうぶんこ》を整理《せいり》することです。

⇐「整理《せいり》することです」はそのままにする。

わたしは図書委員で、役わりは学級文庫を 整理《せいり》することです。

38

39 答えは「別冊」の19ページに！

くわしい考え方

主語を変えると、それに応じて述語も変えなければなりません。記述問題で、字数条件など、様々な条件のもとに文中の該当箇所を変形しなければならないことがありますが、そのときにも威力を発揮するトレーニングです。

各設問、「条件」が付いていることに注意。述語から主語を決定する問題です。

①「苦手だ。」が述語なので、それに対する主語を考えます。「わたしは～苦手だ」をまず確定。「何が」に当たるものを補うと、「そろばんが」。

「私はそろばんが苦手だ。」となるのですが、あとは「学校で習った」を「そろばん」につなげます。

②「わたしの」→「友だち」とつながります。次に、「習うらしい。」に対する主語を考えると、「わたしの友だちは(が)～習うらしい。」となります。あとは「何を」を補うと、「テニスを習うらしい」。

③「かんさつをする」の主語は、「お姉さんは」。「何を」に当たるのは、「星の」。そこで、「お姉さんは～星のかんさつをする。」となります。

あとは、「夏休みの自由研究」と「かんさつをする」のつながりを考えて、助詞を決めます。「夏休みの自由研究に」→「かんさつをする」となります。

④最後は、難しい問題。「整理することです」の主語は、「役わりは」。何を整理するのかを補うと、「役わりは学級文庫を整理することです」、残ったのは「わたしは」「図書委員」ですが、「わたしは図書委員」とここにも主語と述語の関係があります。

このように、述語から先に考えるのが鉄則です。

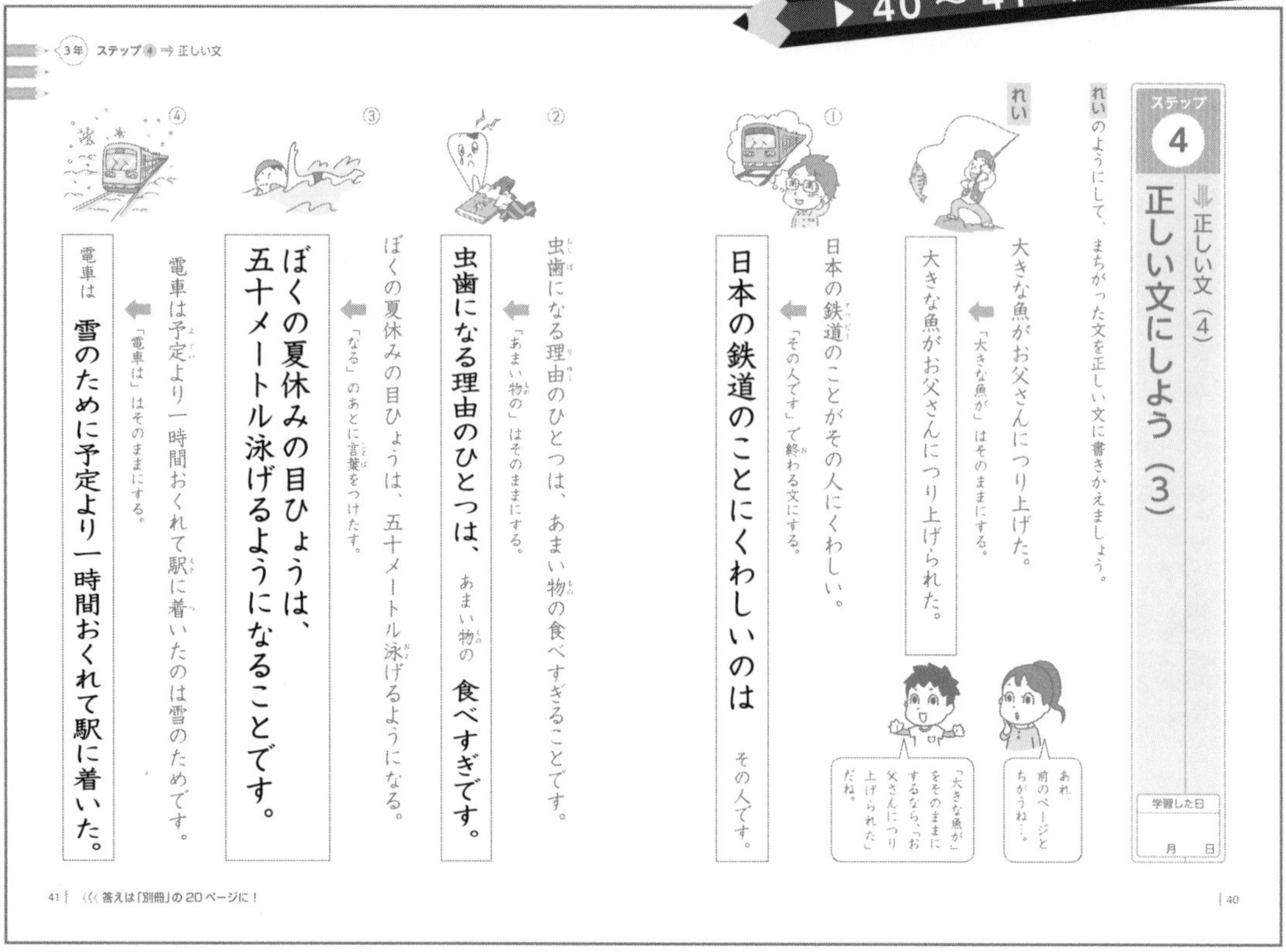
▶40～41ページの答え

ステップ 4 ⥥正しい文（4）

正しい文にしよう（3）

学習した日　月　日

れいのようにして、まちがった文を正しい文に書きかえましょう。

れい　大きな魚がお父さんにつり上げた。
⇦「大きな魚が」はそのままにする。
大きな魚がお父さんにつり上げられた。

あれ、前のページとちがうね…。
「大きな魚が」をそのままにするなら、「お父さんにつり上げられた」だね。

① 日本の鉄道《てつどう》のことがその人にくわしい。
⇦「その人です」で終《お》わる文にする。
日本の鉄道のことにくわしいのは　その人です。

② 虫歯《むしば》になる理由《りゆう》のひとつは、あまい物《もの》の食べすぎることです。
⇦「あまい物の」はそのままにする。
虫歯になる理由のひとつは、　あまい物《もの》の　食べすぎです。

③ ぼくの夏休みの目ひょうは、五十メートル泳《およ》げるようになる。
⇦「なる」のあとに言葉《ことば》をつけたす。
ぼくの夏休みの目ひょうは、五十メートル泳げるようになることです。

④ 電車は予定《よてい》より一時間おくれて駅に着《つ》いたのは雪のためです。
⇦「電車は」はそのままにする。
電車は　雪のために予定より一時間おくれて駅に着いた。

40

41　《《 答えは「別冊」の20ページに！

3年　ステップ4 ⇒ 正しい文

くわしい考え方

前問は述語から主語を考える問題でしたが、次は様々なタイプのものを解いていきましょう。

①「その人です」の主語が「くわしい」ですが、これを主語にするためには、「くわしいのは」と助詞を補います。「くわしいのは、その人です。」が主語と述語ですが、次に「何」にくわしいのかを説明しなければなりません。そこで、「日本の鉄道のことに」とします。このときにも、助詞が変わります。

②今度は主語に対して、述語を変形します。「あまい物の」をそのままにしなければならないので、「虫歯になる理由のひとつは」に対する述語を、「あまい物の食べすぎです」と変えます。

③「なる」のあとに言葉をつけたすという条件から、「ぼくの夏休みの目ひょうは」に対する述語を「なることです」と変形しなければなりません。「何に」なるのかを補うと、「五十メートル泳げるようになる」とわかります。

④「電車は」を変えてはいけないので、それに対する述語の方を変えると、「電車は～着いた」となります。「一時間おくれて」「駅に」はそれぞれ「着いた」とつながります。

「予定より」→「おくれて」、「雪のために」→「おくれて」と、それぞれ言葉のつながりを考えます。

このように誤文を訂正したり、変形するときには、助詞の正しい使い方ができなければなりません。

▶ 42 ～ 43 ページの答え

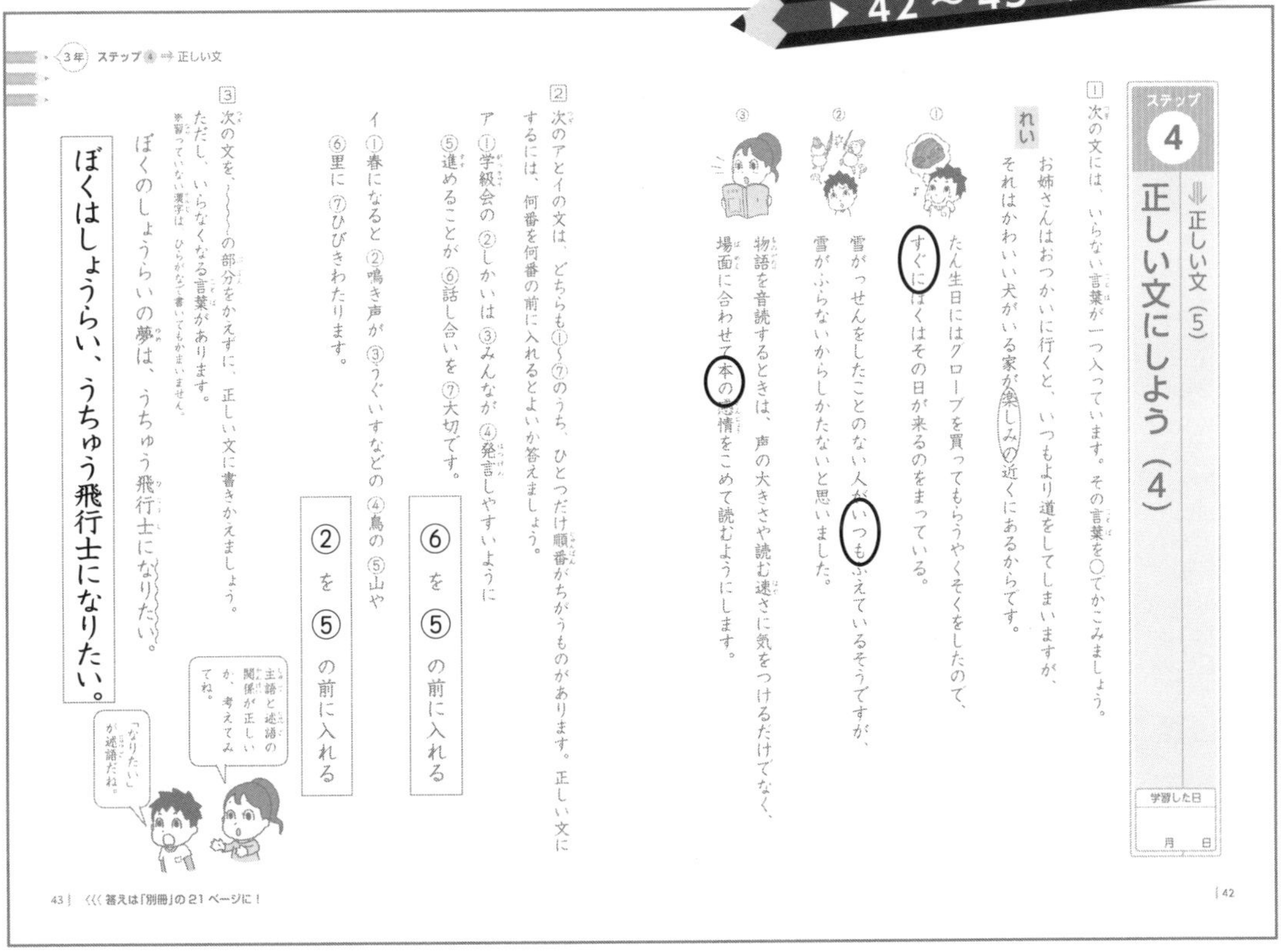

ステップ 4 正しい文（5）

正しい文にしよう（4）

学習した日　月　日

1 次《つぎ》の文には、いらない言葉《ことば》が一つ入っています。その言葉《ことば》を○でかこみましょう。

れい　お姉さんはおつかいに行くと、いつもより道をしてしまいますが、それはかわいい犬がいる家が楽しみの近くにあるからです。

① たん生日にはグローブを買ってもらうやくそくをしたので、すぐにぼくはその日が来るのをまっている。

② 雪がっせんをしたことのない人がいつもふえているそうですが、雪がふらないからしかたないと思いました。

③ 物語《ものがたり》を音読するときは、声の大きさや読む速《はや》さに気をつけるだけでなく、場面《ばめん》に合わせて本の感情《かんじょう》をこめて読むようにします。

42

3年　ステップ 4 正しい文

2 次《つぎ》のアとイの文は、どちらも①～⑦のうち、ひとつだけ順番《じゅんばん》がちがうものがあります。正しい文にするには、何番を何番の前に入れるとよいか答えましょう。

ア ①学級会《がっきゅうかい》の ②しかいは ③みんなが ④発言《はつげん》しやすいように ⑤進《すす》めることが ⑥話し合いを ⑦大切です。

⑥ を ⑤ の前に入れる

イ ①春になると ②鳴き声が ③うぐいすなどの ④鳥の ⑤山や ⑥里に ⑦ひびきわたります。

② を ⑤ の前に入れる

3 次《つぎ》の文を、～～の部分《ぶぶん》をかえずに、正しい文に書きかえましょう。ただし、いらなくなる言葉《ことば》があります。
※習っていない漢字は、ひらがなで書いてもかまいません。

ぼくのしょうらいの夢《ゆめ》は、うちゅう飛行士になりたい。

ぼくはしょうらい、うちゅう飛行士になりたい。


主語と述語の関係が正しいか、考えてみてね。

「なりたい」が述語だね。

43　くくく 答えは「別冊」の 21 ページに！

くわしい考え方

ステップ4の最後に、様々なタイプの問題を解いていきましょう。

■問題1
「言葉のつながり」の問題です。
① 「すぐに」がどの言葉とつながるのかはっきりしません。「すぐに」→「来るのを」とつなげたなら、「その日（たん生日）がすぐに来るのをまっている」とおかしな文章になるし、「まっている」とつなげたなら、「すぐにまっている」とさらにおかしくなります。
② 「いつも」は「ふえている」とつながるので、「いつもふえている」とおかしな文になります。
③ 「本の」はすぐ下の「感情を」につながるので、「本の感情を」とおかしな文になります。

■問題2
これも「言葉のつながり」の問題です。
ア ⑥「話し合いを」は、⑤「進めることが」とつながります。
イ ③「うぐいすなどの」と④「鳥の」は、②「鳴き声が」とつながります。

■問題3
「主語と述語の関係」の問題です。

述語である「なりたい」に対応するように、主語を「ぼくは」に変形します。

こうした主語と述語がねじれた文は、大人でもしばしば書いてしまうことがあります。大切なことは、後から読み返したときに、それを自分で発見し、即座に修正できるかです。

▶ 44～45ページの答え

ステップ 5　⇓すじ道をたてて考える（1）
ひまわりの育《そだ》ち方

ひまわりの育《そだ》ち方について、種《たね》を植《う》えるところから、かれるまでを①～⑧の順《じゅん》にならべました。絵の説明《せつめい》にあてはまる文を、左ページのイ～キからえらび、記号《きごう》で答えましょう。

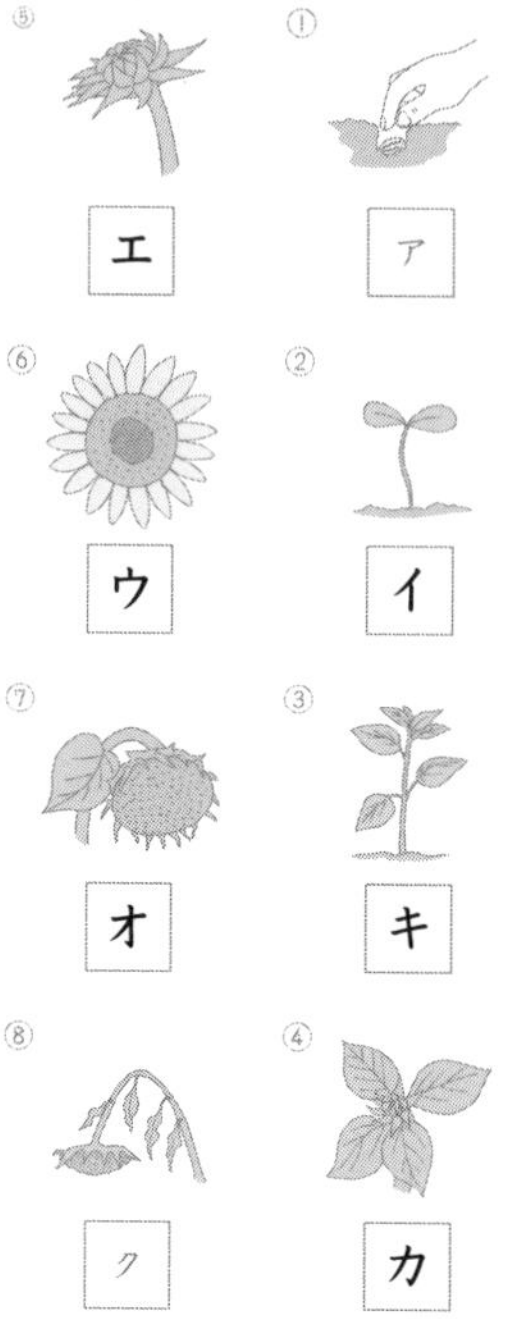

学習した日　月　日

44

3年　ステップ5 ⇒ すじ道をたてて考える

ア 土に指《ゆび》であなをあけ、種《たね》を一つぶずつ入れ、そっと土をかぶせます。種《たね》を植《う》える時期《じき》は、4月の終《お》わりから6月にかけてです。

イ すると、一週間ほどで芽《め》が出てきます。

ウ 花を正面から見ると、まん中に花びらがない部分《ぶぶん》があります。この部分《ぶぶん》がやがて種《たね》になります。

エ つぼみが開《ひら》いて花がさくのは、7月中ごろから8月にかけてです。これは、横《よこ》から見た図です。

オ ひまわりは10月ごろからかれ始《はじ》めます。花の中央《ちゅうおう》から、種《たね》がたくさんとれます。

カ ぐんぐん育《そだ》ち、やがてくきからつぼみが出てきました。

キ 芽《め》が出ると、葉《は》をふやしながら、ぐんぐん育《そだ》っていきます。高さ3mまで育《そだ》つものもあります。

ク 種《たね》をうえてからおよそ半年で、すっかりかれてしまいました。ひまわりのように、種《たね》を植《う》えて一年でかれてしまう植物《しょくぶつ》を一年草《いちねんそう》といいます。

45　〈〈〈 答えは「別冊」の22ページに！

くわしい考え方

論理とは、言葉の筋道のことです。「筋道を立てて話す」「筋道を立てて書く」「筋道を立てて考える」「筋道を立てて書く」など、論理はすべての教科に必要であるだけではなく、生涯にわたって生きるための武器となるものです。

そこで、様々な教科の問題を、筋道を立てて（ストーリーを組み立てて）考えてみましょう。

理科の問題です。ひまわりの育ち方について、筋道を立てて考えます。種を植える→芽が出る→ぐんぐん育つ→つぼみが出る→花が咲く→かれ始めるといった順番を、絵を見ながら考えます。

⑤と⑥が紛らわしいので、注意が必要です。ともに花が咲いたのですが、⑤は花を横から見た図、⑥は花を正面から見た図です。

46～47ページの答え

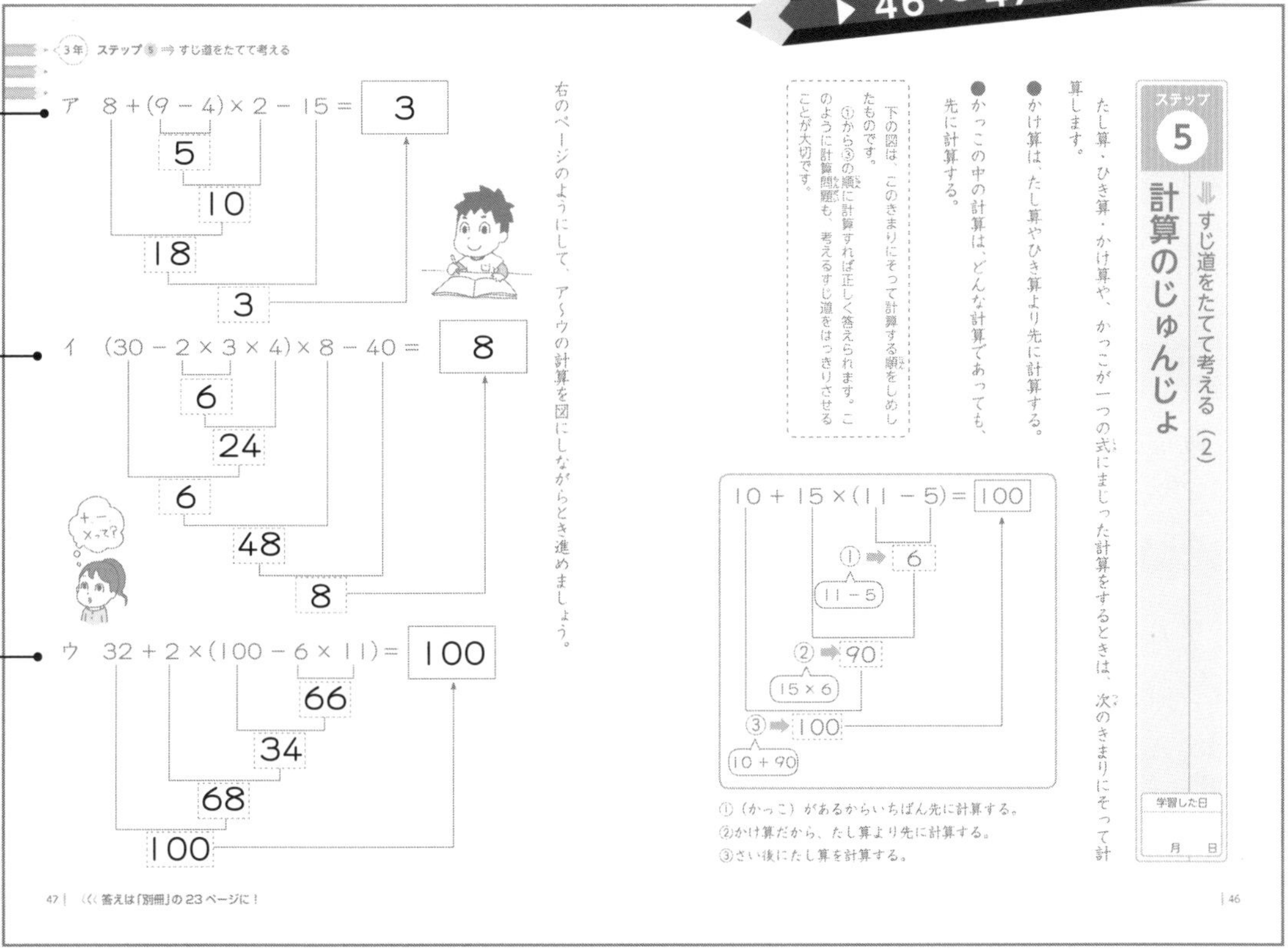

ステップ 5 すじ道をたてて考える（2）

計算のじゅんじょ

学習した日　月　日

たし算・ひき算・かけ算や、かっこが一つの式《しき》にまじった計算をするときは、次《つぎ》のきまりにそって計算します。

● かけ算は、たし算やひき算より先に計算する。

● かっこの中の計算は、どんな計算であっても、先に計算する。

下の図は、このきまりにそって計算する順《じゅん》をしめしたものです。
①から③の順《じゅん》に計算すれば正しく答えられます。このように計算問題《もんだい》も、考えるすじ道をはっきりさせることが大切です。

10 + 15 ×(11 − 5)= 100
① ➡ 6
11 − 5
② ➡ 90
15 × 6
③ ➡ 100
10 + 90

①（かっこ）があるからいちばん先に計算する。
②かけ算だから、たし算より先に計算する。
③さい後にたし算を計算する。

右のページのようにして、ア～ウの計算を図にしながらとき進めましょう。

ア 8 +(9 − 4)× 2 − 15 = 3
5
10
18
3
イ (30 − 2 × 3 × 4)× 8 − 40 = 8
6
24
6
48
8
＋、−、×って？
ウ 32 + 2 ×(100 − 6 × 11)= 100
66
34
68
100

くわしい考え方

算数・理科・社会の問題は、基本的にある規則を理解し、その規則に従って与えられた問題を解決するというものです。

文章題では、その規則を読み取る国語力が要求されます。

まずは算数の計算問題を通して、規則に従って問題を解決することを学習しましょう。

ア　かっこを優先するから、9 − 4 = 5
次にかけ算を優先するから、5 × 2 = 10
8 + 10 − 15 = 3

イ　かっこを優先します。
かっこの中でもかけ算を優先するので、
2 × 3 = 6
6 × 4 = 24
かっこを優先するので、30 − 24 = 6
かけ算を優先するので、6 × 8 = 48
48 − 40 = 8

ウ　かっこの中のかけ算が優先　6 × 11 = 66
かっこ優先　100 − 66 = 34
かけ算優先　2 × 34 = 68
32 + 68 = 100

このように計算をするときも、絶えず筋道を考えます。それが論理力です。

▶ 48～49ページの答え

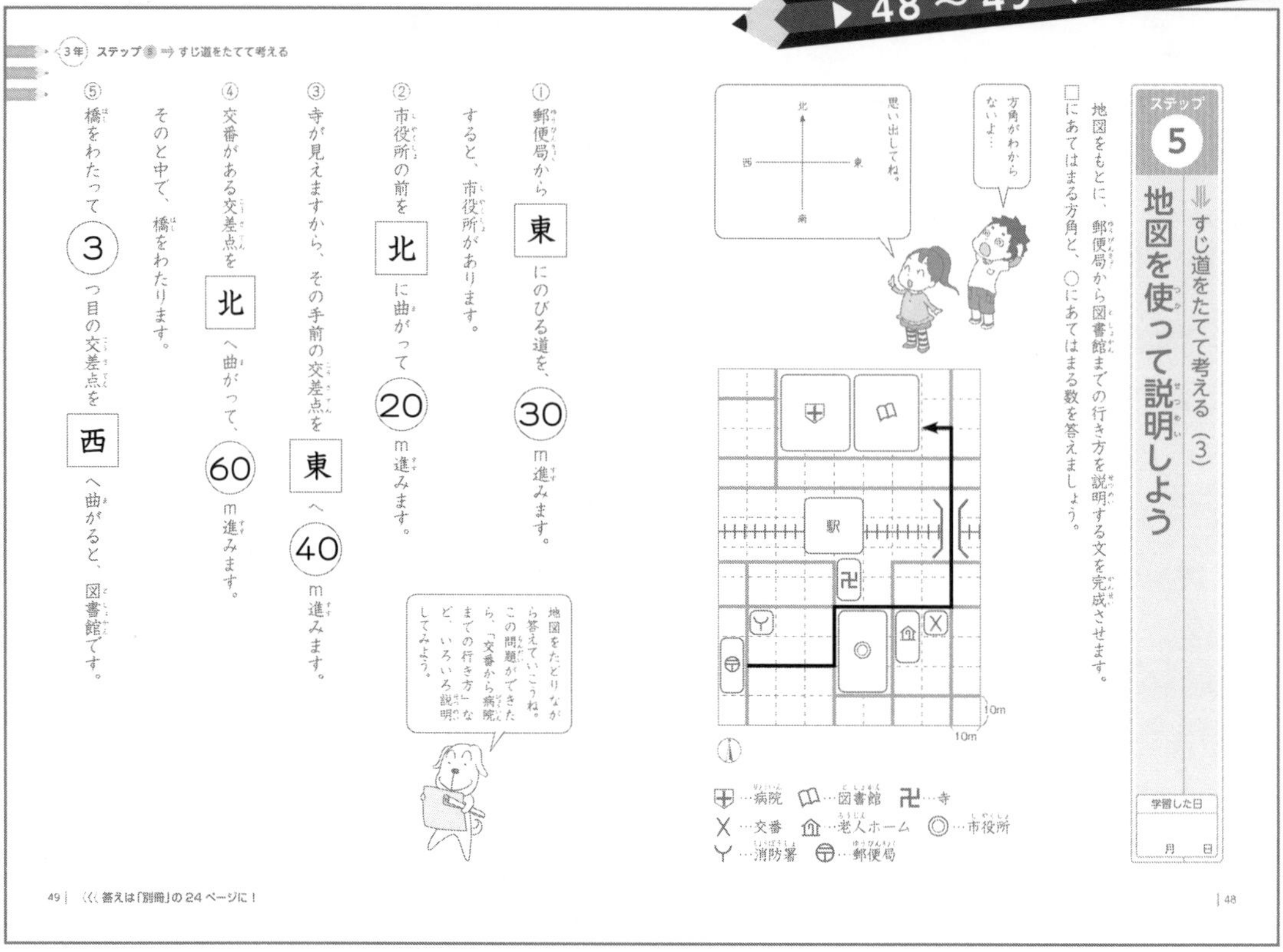

ステップ 5 ⥥すじ道をたてて考える（3）
地図を使って説明しよう
地図をもとに、郵便局から図書館までの行き方を説明する文を完成させます。
□にあてはまる方角と、○にあてはまる数を答えましょう。
方角がわからないよ…
思い出してね。
北
西
東
南
駅
10m
10m
…病院 …図書館 卍…寺
…交番 …老人ホーム ◎…市役所
…消防署 …郵便局
学習した日 月 日
48
3年 ステップ5 ⇒ すじ道をたてて考える
① 郵便局から 東 にのびる道を、30 m進みます。
すると、市役所があります。
② 市役所の前を 北 に曲がって 20 m進みます。
③ 寺が見えますから、その手前の交差点を 東 へ 40 m進みます。
④ 交番がある交差点を 北 へ曲がって、60 m進みます。
そのと中で、橋をわたります。
⑤ 橋をわたって 3 つ目の交差点を 西 へ曲がると、図書館です。
地図をたどりながら答えていこうね。この問題ができたら、「交番から病院までの行き方」など、いろいろ説明してみよう。
49 答えは「別冊」の24ページに！

くわしい考え方

道案内をするときでも、頭に浮かんだ順番のままで話をすると、相手にうまく伝わらないことがあります。やはり筋道を立てて説明しなければなりません。この時も、論理力を使います。

今回は地図を見ながら、どのような筋道で話せば、もっとも相手に分かってもらえるかを考えましょう。

郵便局から出発します。郵便局の地図での記号は〒、図書館の記号は🕮、まずはそれらの場所を確認しましょう。

では、郵便局から出発して、図書館まで行きます。

一ますが10ｍなので、市役所は東（右）に30ｍです。北（上）に二ます（20ｍ）進むと、お寺（卍）です。その手前の交差点を東（右）に四ます（40ｍ）進むと、交番のある交差点に出ます。

その交差点を北（左）に曲がって、60ｍ進みます。途中で橋を渡ります。

橋を渡って三つ目の交差点を西（左）に曲がると、図書館に到着。

3年 ステップ5 すじ道をたてて考える
れいのように自分で漢字を作って、どんな意味の字なのかを説明しましょう。
れい
どのように書く？ 虫に丸と書く。
何と読む？ ダンゴムシ
どうして？ 丸くなる虫だから。
れい
どのように書く？ 火に肉と書く。
何と読む？ ステーキ
どうして？ 肉をやいて作るから。
れい
どのように書く？ 皿に回ると書く。
何と読む？ かいてんずし
どうして？ お皿が回っているから。
51 答えは「別冊」の25ページに！
ステップ5
すじ道をたてて考える（4）
漢字を作ってみたよ
何これ？
何て読むの？
わたしが作った漢字。
木へんに星と書いて、きらきら光る木だから、「クリスマスツリー」！
漢字には一字一字に意味があります。そのことを使い、二つ以上の漢字を組み合わせて、自分で漢字とその読み方を考えてみましょう。どうしてそう読むのか、理由を説明しましょう。
クリスマスツリー
「なぜ？」と聞かれたとき、だれにでも理由がわかるように考えようね。
学習した日 月 日
50

くわしい考え方

漢字のへん、つくりなどには、一つひとつ意味があります。そうした部分が集まって、一つの漢字を作ります。

遊び心で、新鮮な漢字を作ってみてください。

大切なことは、それをだれにでも分かるように説明できるかです。相手が納得できるような説明の文が書けたら○、書けなかったら×です。

あっと驚くような独創的な漢字ができたら、ほめてあげてください。

▶ 52〜53ページの答え

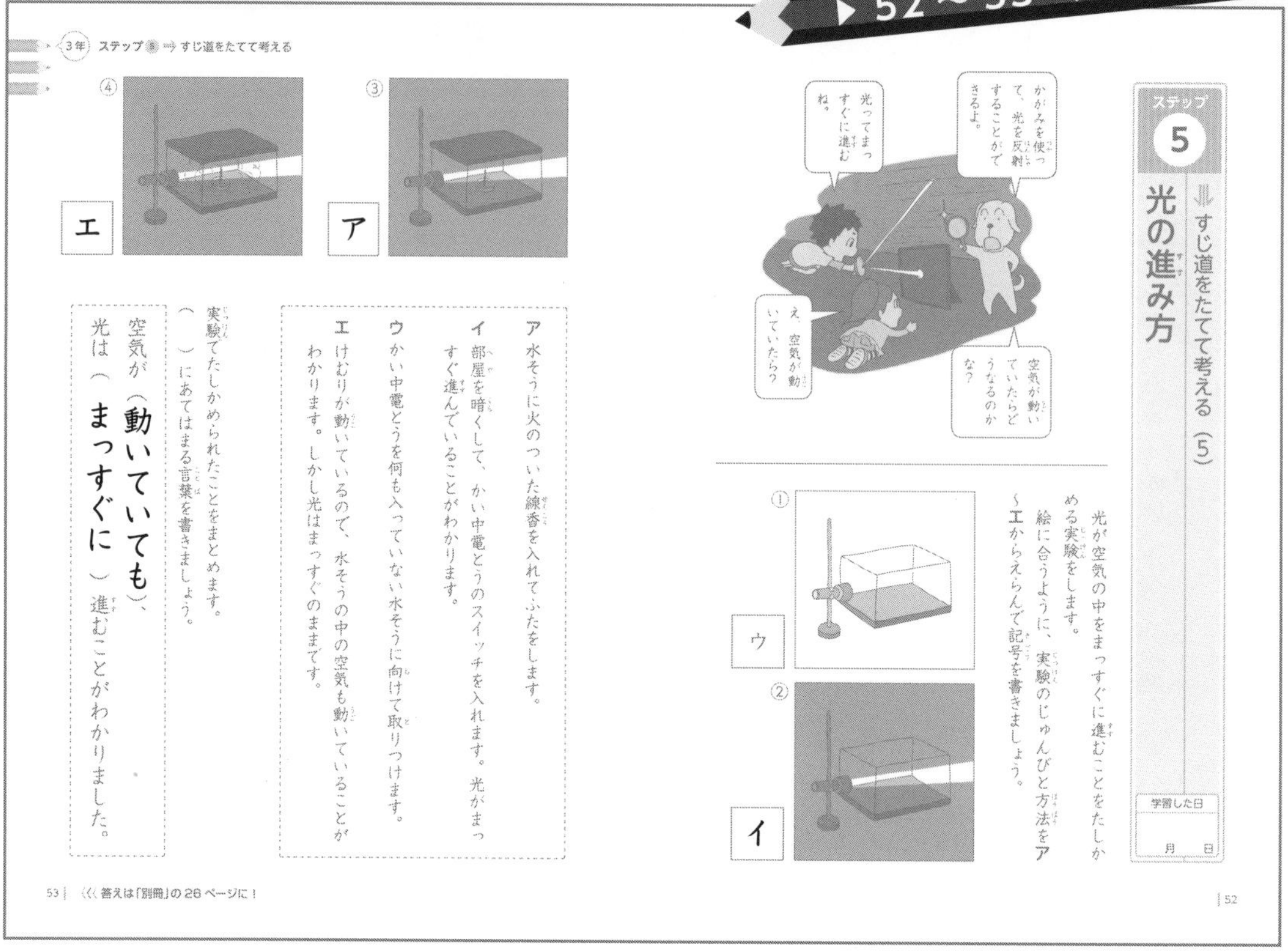

ステップ 5 光の進み方

すじ道をたてて考える（5）

光が空気の中をまっすぐに進むことをたしかめる実験をします。絵に合うように、実験のじゅんびと方法をア〜エからえらんで記号を書きましょう。

ア　水そうに火のついた線香を入れてふたをします。
イ　部屋を暗くして、かい中電とうのスイッチを入れます。光がまっすぐ進んでいることがわかります。
ウ　かい中電とうを何も入っていない水そうに向けて取りつけます。しかし光はまっすぐのままです。
エ　けむりが動いているので、水そうの中の空気も動いていることがわかります。

実験でたしかめられたことをまとめます。
（　）にあてはまる言葉を書きましょう。

空気が（**動いていても**）、光は（**まっすぐに**）進むことがわかりました。

くわしい考え方

理科の実験の問題です。実験をするときにも、筋道を立てて考えましょう。一つ一つの実験は、何を調べるためのものかを考えなければなりません。

① 他の三つの絵と比べて、まだかい中電灯のものと比べて、まだかい中電灯をつけていません。実験をする前の準備です。水そうの中にはまだ何も入っていないことに注意してください。

② かい中電灯をつけました。残りの二つの絵と比べると、水そうの中にはまだ何も入っていないことが分かります。このようにそれぞれの絵を比べることで、他の絵との違いが分かります。

③ ④の絵と比べます。火のついた線香を入れ、ふたをします。①②はまだふたをしていません

④ 水そうの中にはけむりがもくもくと動いています。光はけむりがあっても（空気が揺れていても）、まっすぐなままです。

まとめ
まず何のための実験だったのかを頭に置きましょう。
「光が空気の中をまっすぐに進むことをたしかめる実験」でした。実験の結果、たとえ、空気がゆれていても、光はまっすぐに進むことがたしかめられました。

ステップ 6 図・しりょうを読み取る（1）

よごれた水はどうなる？

これは、下水処理場《げすいしょりじょう》についてまとめた図です。

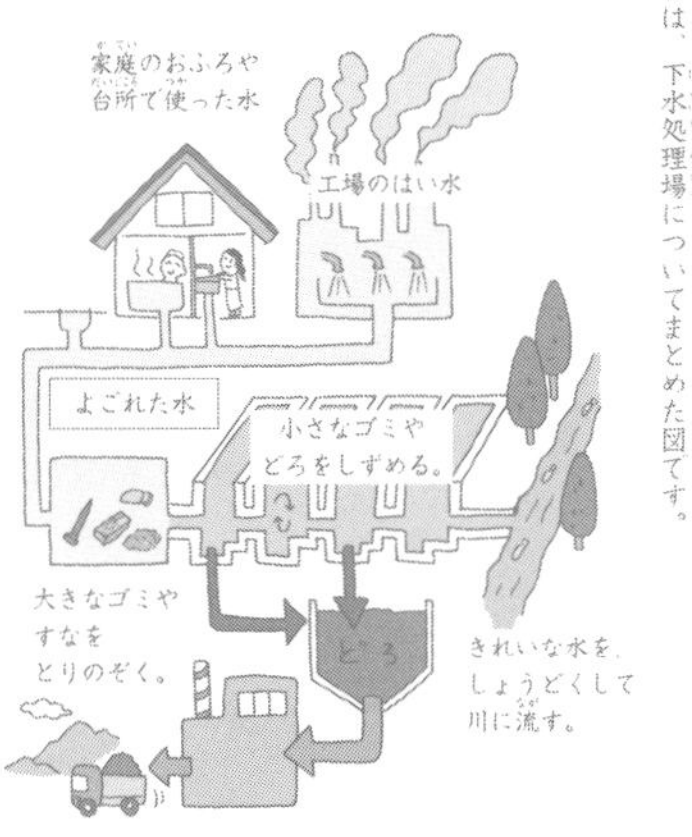

学習した日　月　日

右の図を見て、問題《もんだい》に答えましょう。

① よごれた水とはどんな水ですか。二つ書きましょう。また、それには何がまじっていますか。三つ書きましょう。

よごれた水

家庭のおふろや台所で使った水。

工場のはい水。

まじっているもの

ゴミ　すな　どろ

② きれいになった水はどうするのですか。

しょうどくして川に流します。

くわしい考え方

文章だけではなく、図や資料を読み取って、それについて考えるトレーニングをします。将来の中学・高校入試の準備や、ＰＩＳＡや全国学力テストなどの問題に対応できる学力を養成します。

私たちは実際の生活において、文字だけでなく、記号や図、グラフなどで、様々な情報を表しています。そうした情報を正確に読み取ることも、日常生活で必要になっています。

それゆえ、図や資料の読み取りは、社会に出てからも必要となる、実践的な学力です。

社会科の問題です。

私たちは毎日水を使います。食器を洗ったときや洗濯・お風呂の水は一体どこに行くのでしょうか？

家庭の中だけでなく、工場などでも大量の水を使います。それらの水は一体どこに行くのでしょうか？

そういった身近な疑問を子どもに投げかけてみてください。

社会の仕組みが次第に分かってくるはずです。考える力はすぐ身近なところから養うべきものなのです。

①図の上段に「家庭のおふろや台所で使った水」「工場のはい水」とあります。

中段を見ると、そうした汚れた水がまず「大きなゴミやすなをとりのぞく」とあり、つぎに「小さなゴミやどろをしずめる」とあります。

つまり、汚れた水から、ゴミ、すな、どろをとりのぞくのです。

②きれいになった水は、下段で「きれいな水を、しょうどくして川に流す」とあります。

▶ 56～57ページの答え

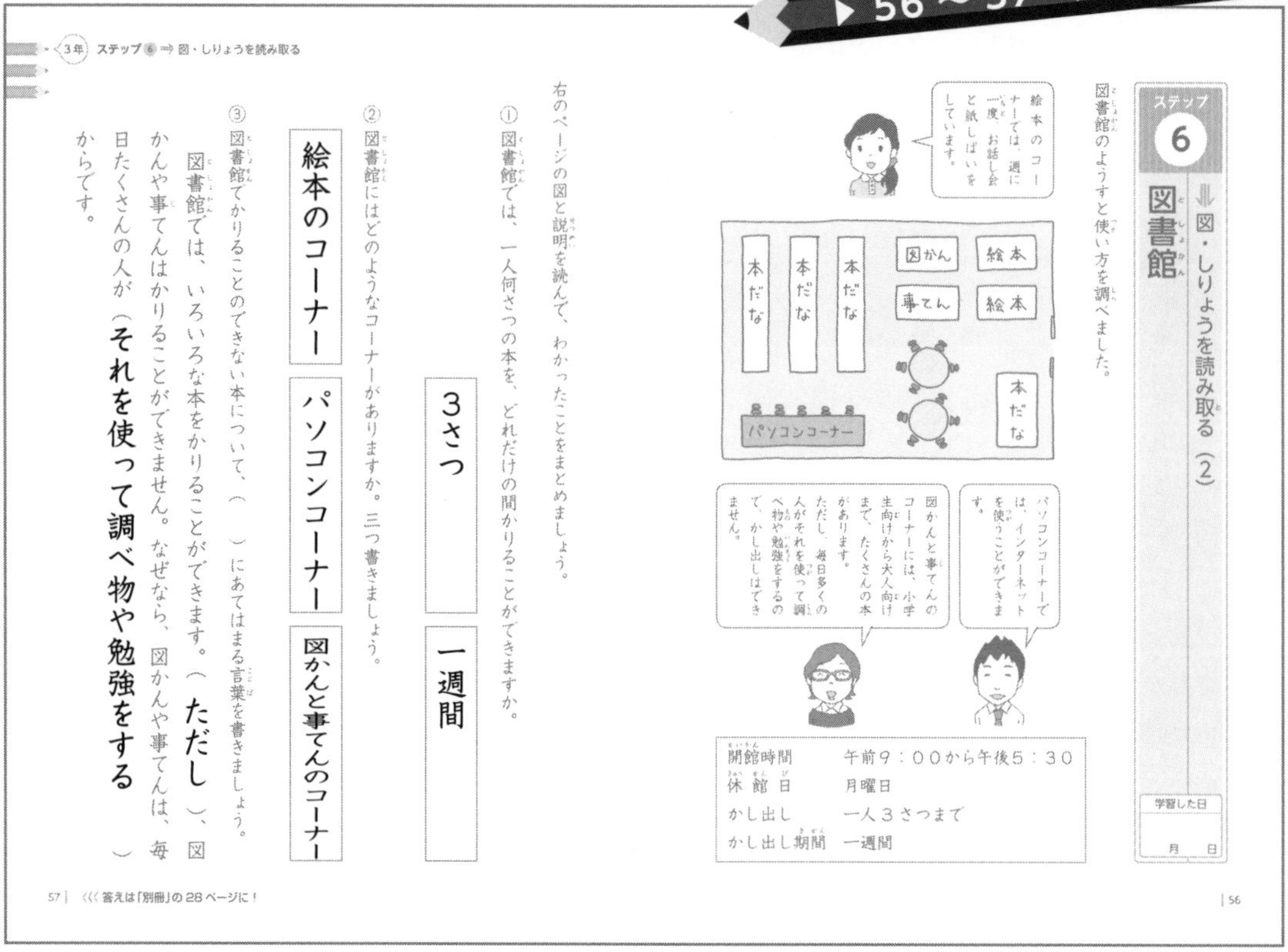
ステップ 6
図書館《としょかん》
図・しりょうを読み取る（2）

図書館《としょかん》のようすと使《つか》い方を調《しら》べました。

開館《かいかん》時間	午前9：00から午後5：30
休館日《きゅうかんび》	月曜日
かし出し	一人3さつまで
かし出し期間《きかん》	一週間

学習した日　月　日

56

3年　ステップ6 ⇒ 図・しりょうを読み取る

右のページの図と説明《せつめい》を読んで、わかったことをまとめましょう。

① 図書館《としょかん》では、一人何さつの本を、どれだけの間かりることができますか。

3さつ　一週間

② 図書館《としょかん》にはどのようなコーナーがありますか。三つ書きましょう。

絵本のコーナー　パソコンコーナー　図かんと事てんのコーナー

③ 図書館《としょかん》でかりることのできない本について、（　）にあてはまる言葉《ことば》を書きましょう。

図書館《としょかん》では、いろいろな本をかりることができます。（**ただし**）、図かんや事てんはかりることができません。なぜなら、図かんや事てんは、毎日たくさんの人が（**それを使って調べ物や勉強をする**）からです。

57　〈〈〈答えは「別冊」の28ページに！

くわしい考え方

社会科の問題です。見取り図を見て、図書館の中がどうなっているのか、理解しましょう。

さらに四つの説明文を読み取りましょう。

① いちばん下の説明文に、

かし出し　一人3さつまで

かし出し期間　一週間

とあります。

② 上の段に「絵本のコーナーでは」とあり、中の段の右に「パソコンコーナーでは」とあります。さらに、中の段の左に「図かんと事てんのコーナーには」とあります。

③ 中の段の左の説明文に「ただし、毎日多くの人がそれを使って調べ物や勉強をするので、かし出しはできません」とあります。

この説明文を、

規則「図かんや事てんはかりることはできません」

理由「なぜなら、毎日たくさんの人がそれをつかって調べ物や勉強をするからです」

と、整理しましょう。理由をつけることは、後（小学校三年習熟編）で学びますが、論理的にものごとを考える上で非常に大切なことなのです。

▶58〜59ページの答え

ステップ 6

九九の表《ひょう》

⇓図・しりょうを読み取《と》る（3）

左の表《ひょう》は、かけ算九九の表《ひょう》から、一部《いちぶ》を切りぬいたものです。アとイにあてはまる数を、考えてみましょう。

問題《もんだい》

16	ア
20	25
イ	30

(1) まず、横《よこ》にならんだ数を見て、それぞれ何のだんの九九かを考えましょう。
中の列《れつ》では、20→25と、数が5ふえています。つまり中の列《れつ》は、5のだんの九九をぬき出したものです。すると、上の列《れつ》は4のだん、下の列《れつ》は6のだんと考えることができます。

16	ア
20	25
イ	30

(2) 次《つぎ》に、かける数を考えます。5のだんの九九で答えが20になるのは、5×4＝20です。
また答えが25になるのは、5×5＝25です。
つまり左から×4、×5となっているのです。

(3) つまりアにあてはまるのは、4×5＝20です。
イにあてはまるのは、6×4＝24となります。

答え　ア…20　イ…24

この部分《ぶぶん》を切りぬいたんですね。

かける数

かけられる数	1	2	3	4	5	6	7	8	9
1のだん 1	1	2	3	4	5	6	7	8	9
2のだん 2	2	4	6	8	10	12	14	16	18
3のだん 3	3	6	9	12	15	18	21	24	27
4のだん 4	4	8	12	16	20	24	28	32	36
5のだん 5	5	10	15	20	25	30	35	40	45
6のだん 6	6	12	18	24	30	36	42	48	54
7のだん 7	7	14	21	28	35	42	49	56	63
8のだん 8	8	16	24	32	40	48	56	64	72
9のだん 9	9	18	27	36	45	54	63	72	81

学習した日　月　日

右ページのように考えて、①〜③の［　］の文章《ぶんしょう》の（　）にあてはまる数を書き、かけ算九九の表《ひょう》の一部《いちぶ》の、ア〜ウにあてはまる数を答えましょう。

①

12	14	ア 16
イ 18		
24	ウ 28	32

横《よこ》にならんだ数を見て、
何のだんの九九かを考える。
アは（2）のだん。
するとイは（3）のだん。
ウは（4）のだん。
かける数は（6）（7）（8）
になる。

②

24	ア 32	40
イ 27	36	ウ 45

アは（8）のだん。
するとイとウは（9）のだん。
かける数は（3）（4）（5）
になる。

③

		ア 63
	イ 64	72
ウ 63	72	81

この問題《もんだい》は、アからじゅんには
もとめられない。
ウは（9）のだん。
するとイは（8）のだん。
アは（7）のだん。
かける数は（7）（8）（9）
になる。

くわしい考え方

算数の問題です。
規則を発見し、その規則に従って、新たな問題を解決する力を養います。
答えではなく、その答えに至るプロセスが大切です。

①上の列　12→14と2増えています。
中の列　2の段の次は3の段です。
下の列　3の段の次なので、4の段です。
そこで、かける数は6・7・8となります。
ア　2の段なので、14＋2＝16
イ　3×6＝18
ウ　4×7＝28

②ア　上の列に注目すると、40－24＝16
すると、上の列は、16の半分の8ずつ増えていくことがわかります。つまり、8の段です。
そこで、上の列は、24・32・40
イ　下の列は、8の次、つまり9の段です。
そこで、イ　36－9＝27
ウ　9の段なので、36＋9＝45

③下の列から順番に求めます。
ウ　81－72＝9なので、9の段。そこで、72－9＝63
イ　すぐ上なので、8の段。そこで、72－8＝64
ア　上の列は、7の段。
縦の列（かける数）を考えます。
下の8の段の答えが72、9の段の答えが81なので、
かける数は9です。
そこで、7×9＝63

ステップ 6　⇓図・しりょうを読み取《と》る（4）

こん虫さがし

学習した日　月　日

次《つぎ》の5しゅるいの生物《せいぶつ》のとくちょうを、表《ひょう》にまとめました。生物《せいぶつ》の図と、表《ひょう》をもとに、左ページの問《もん》題《だい》に答えましょう。

生物《せいぶつ》のしゅるい	A	B	C	D	E
オスにはつのがある					○
鳴き声が大きい。				○	
はねをもっている。			○	○	○
土の中にすをつくる。	○				
空をとぶことができる。			○	○	○
からだが頭・むね・はらの3つの部分でできている。	○		○	○	○
むねに6本のあしがついている。	○		○	○	○

60

〈3年〉ステップ6 ⇒ 図・しりょうを読み取る

1 表《ひょう》のA～Eにあてはまる生物《せいぶつ》の名前を答えましょう。

A	B	C	D	E
クロアリ	クモ	モンシロチョウ	アブラゼミ	カブトムシ

2 表《ひょう》のA、C、D、Eにあてはまる生物《せいぶつ》は、こん虫のなかまです。こん虫のとくちょうとしてあてはまることを、左から2つえらんで□に✓をかきましょう。

□ 鳴くことができる。
✓ むねに6本のあしがついている。
□ はねをもっている。
✓ からだが頭、むね、はらの3つの部分《ぶぶん》でできている。

61　〈〈〈 答えは「別冊」の30ページに！

くわしい考え方

理科の問題。
表を読み取る問題です。縦の欄を見て、その生物特有の特徴を探し出しましょう。

■問題1

A　5種類の生物の中で、「土の中にすをつくる」のはAだけです。そこで、Aはクロアリ。

B　表の中のすべての特徴が当てはまりません。そこで、クモだと分かります。

C　残った生物の中で、土の中で巣を作らず、鳴き声もなく、つのもないのは、モンシロチョウです。

D　「土の中にすを作る」「オスにはつのがある」以外はすべて当てはまります。アブラゼミは、土の中ですを作らず、つのもありません。

E　Dとの違いは、鳴き声が大きくなく、つのがあることなので、カブトムシ。

■問題2

表のA、C、D、Eの共通点は、「むねに6本のあしがついている」「からだが頭、むね、はらの3つの部分でできている」です（こん虫の定義）。この2つの条件を満たしたのがこん虫です。

▶ 62 ～ 63 ページの答え

ステップ 6
虫くい算
⇒ 図・しりょうを読み取る（5）

たし算の筆算《ひっさん》に、空いているところがあります。あてはまる数をもとめるには、どうすればいいでしょう。

学習した日　月　日

問題

	1	イ	5
＋	1	6	ア
	3	5	7

(1) 一のくらいの計算は、5＋□＝7と考えられます。5にたして7になる数は2なので、アには2が入ります。

	1	イ	5
＋	1	6	ア 2
	3	5	7

(2) 十のくらいの計算が、□＋6＝5ではありません。百のくらいの計算が、1＋1＝3となっているので、十のくらいから1がくり上がっていると考えられます。

(3) つまり、十のくらいの計算は、□＋6＝15ということです。6をたして15になる数は9なので、イには9が入ります。

	1	イ 9	5
＋	1	6	ア 2
	3	5	7

62

3年　ステップ6 ⇒ 図・しりょうを読み取る

右ページのように考えて、次の①～④の筆算の、ア～ウにあてはまる数を答えましょう。

①

	2	イ 7	1
＋	ウ 2	4	ア 8
	5	1	9

一のくらいの計算は、1＋□＝9
十のくらいの計算は、□＋4＝1ではないよ。□＋4＝11と考えよう。

②

	5	イ 3	ア 7
＋		6	7
	ウ 6	0	4

一のくらいの計算は、□＋7＝14
十のくらいの計算には、くり上がった「1」があるよ。1＋□＋6＝10だね。百のくらいに1くり上がることに注意《ちゅうい》！

③

	4	イ 3	6
－	1	6	ア 6
	ウ 2	7	0

ひき算はくり下がりに注意《ちゅうい》しよう。
一のくらいは6－□＝0
十のくらいは□－6＝7だから、百のくらいからくり下げると考えよう。
13－6＝7で、百のくらいは「3」になることに気をつけてね。

④

	3	イ 0	3
－	ウ 1	9	ア 8
	1	0	5

63　《《 答えは「別冊」の31ページに！

①ア　9－1＝8
　イ　1は4よりも小さい数字なので、繰り上がったのだとわかります。そこで、11－4＝7
　ウ　「1」繰り上がって5－1－2＝2

②ア　4は7より小さい数字なので、繰り上がったのだとわかります。　そこで、14－7＝7
　イ　10－1－6＝3
　ウ　1繰り上がったので、5＋1＝6
　　答がわかったら、もう一度確かめてみましょう（検算）。

③次は引き算であることに注意。
　ア　6－0＝6
　イ　7は6よりも大きい数字なので、百の位から繰り下げです。6＋7＝13　13の「1」は繰り下がった数字です。
　ウ　1繰り下がったので、4－1－1＝2
　　答がわかったら、もう一度確かめてみましょう。

④規則がわかったなら、自分でその規則を意識しながら解いてみましょう。
　ア　3は5よりも小さい数字なので、十の位から繰り下がります。13－5＝8　この13の「1」は繰り下がった数字です。
　イ　9＋0＋1（繰り下がり）＝10
　　この1も繰り下がりの数字です。
　ウ　3－1－1（繰り下がり）＝1

くわしい考え方

算数の問題。
右ページを参考に、そこで使った解き方（規則）に従って、新しい問題を解きましょう。